知识共创的理论与实践

——基于虚拟品牌社群的视角

ZHISHI GONGCHUANG DE LILUN YU SHIJIAN

JIYU XUNI PINPAI SHEQUN DE SHIJIAO

沈 波◎著

中国铁道出版社有限公司
CHINA RAILWAY PUBLISHING HOUSE CO., LTD.

内容简介

本书借鉴知识管理领域经典的社会化(socialization)、外在化(externalization)、组合化(combination)和内在化(internalization)四个环节的SECI知识转化模型,将企业与用户知识共创过程视为一个由知识共享、知识学习、知识组合和知识创造四个阶段组成的循环链。

本书通过对知识共创过程四阶段模型的分析,结合虚拟品牌社群从新成员知识获取、虚拟品牌社群用户角色演化、用户知识共享到企业知识共创的实践,详细论述了企业与用户通过虚拟品牌社群进行知识共创的过程与机制。在实践方面,通过海尔虚拟品牌社群、得到平台和华为产品定义社区的案例分析,进一步对知识共创的理论进行了验证。

本书适合从事信息管理、知识管理的相关研究人员、高校相关专业高年级本科生、研究生参考。

图书在版编目(CIP)数据

知识共创的理论与实践:基于虚拟品牌社群的视角/沈波著.—北京:中国铁道出版社有限公司,2023.12

ISBN 978-7-113-30699-1

Ⅰ.①知… Ⅱ.①沈… Ⅲ.①企业创新-研究 Ⅳ.①F273.1

中国国家版本馆CIP数据核字(2023)第219601号

书　　名:知识共创的理论与实践——基于虚拟品牌社群的视角
作　　者:沈　波

策　　划:曹莉群　　**编辑部电话**:(010)63549501
责任编辑:贾　星　贾淑媛
封面设计:高博越
责任校对:刘　畅
责任印制:樊启鹏

出版发行:中国铁道出版社有限公司(100054,北京市西城区右安门西街8号)
网　　址:http://www.tdpress.com/51eds/
印　　刷:北京铭成印刷有限公司
版　　次:2023年12月第1版　2023年12月第1次印刷
开　　本:710 mm×1 000 mm 1/16　**印张**:7.5　**字数**:124千
书　　号:ISBN 978-7-113-30699-1
定　　价:52.00元

前言

当今世界，信息空间的崛起与物理空间、人类社会一起，形成三元并举的格局。创新主体虚拟化、创新要素数字化、创新过程智能化、创新组织平台化，使得企业组织和产业组织（以下简称“组织”）的内涵发生了根本性的变化。

为了积累和创造新的知识，组织需要一个知识创造的空间。伴随着互联网的发展，特别是移动互联网、5G、大数据、云计算等新兴信息技术的发展而形成的虚拟品牌社群就是一个很好的企业与用户、用户与用户之间互动的共创空间。在虚拟品牌社群中，人们基于共识，有意识地致力于一个共同的目标，通过人际互动和环境互动创造新的知识。虚拟品牌社群是一个创新互动的临时空间。在虚拟品牌社群中形成了大量的知识创造的互动。这种知识创造的互动过程让人们认识到，我们所知道的取决于我们和谁互动、我们从文化和社会中了解到了什么，以及我们进行知识创造的环境是怎样的。从本质上讲，知识创造过程是一个以人为中心的集体的知识共创过程。正是基于我们作为人类的全部特征，我们才可以进行知识创造。在经济、环境和社会的发展遭遇到前所未有挑战的时代，面对互联网所强调的异质性、迭代、分布式特征，在经历百年未有之大变局的当下，组织更需要通过知识创造来应对。

本书是江西省高校人文社科规划项目“数字产品制造企业与用户知识共创机制与效应研究”（项目编号：GL21109）的阶段性研究成果，是笔者近二十年来在开展虚拟品牌社群、知识创新和知识共创研究的基础上，通过对知识共创的理论进行深入的分析，基于虚拟品牌社群的视角，结合小米、海尔、思维造物、华为等企业的实践而逐步形成的一本著作。针对知识共创这一研究主题，本书遵循以下的研究逻辑：知识共创的理论基础→知识共创的过程模型→虚拟品牌社群新成员知识获取机制→虚拟品牌社群用户角色演化→虚拟品牌社群用户知识共享机制→知识共创的企业实践。在本书的最后部分，笔者基于上述分析得出研究结论并对知识共创的未来研究作出展望。

笔者指导知识管理团队的研究生一起完成了与知识共创相关的大量研究工作，包括但不限于基于知识共享的网络社区知识创新模式、虚拟实践社区新成员知识获取机制、虚拟学习社区中知识共享的影响因素、虚拟品牌社区用户知识共享对产品创新的影响、虚拟品牌社群互动对产品购买决策的影响、网络知识服务平台用户付费意愿影响因素、虚拟品牌社群用户参与产品创新的机制、虚拟品牌社区领先用户识别、在线知识付费平台知识流动效率评价、用户参与对知识共创的影响、基于组织记忆动态过程的知识创新内在机理和专业虚拟社区用户角色演化等方面的研究。这些相关研究工作是本书得以顺利完成的重要支撑，在此对研究生团队成员的辛勤付出与大力协助表示感谢。本书参阅了大量的国内外学术文献和相关资料，在此一并向这些资料的作者表示感谢。

本书虽然只是基于虚拟品牌社群这一知识共创平台开展了针对性的知识共创理论研究，但笔者更期望其成为一部对于企业推行知识共创实践起到指导作用的著作。本书不是给读者提供涵盖知识共创所有内容的百科全书式的参考，而是旨在协助从事企业知识管理的人们建立顺应时代要求的知识管理理念，获得知识共创实践思路的支持和系统方法的指导。

学术界将知识共创的理论与虚拟品牌社群的实践结合起来进行专题研究还处在起步阶段。本书力求对虚拟品牌社群的知识共创相关问题进行系统、全面、深入的思考与分析，但由于笔者认知和研究的局限性，难免存在不足和疏漏之处，也难免存在一些不成熟的见解，尚需通过进一步的实践来完善，但好在可以起到抛砖引玉、丰富提高的作用。恳请相关专家学者、企业界人士和广大读者给予批评指正。

沈　波

2023 年 2 月

目录

第一章 知识共创研究的缘起与方法

第一节　知识共创研究的缘起

一、知识共创研究的背景

2021 年国务院政府工作报告明确指出：“坚持创新驱动发展，加快发展现代产业体系。”“统筹推进传统基础设施和新型基础设施建设。加快数字化发展，打造数字经济新优势，协同推进数字产业化和产业数字化转型，加快数字社会建设步伐，提高数字政府建设水平，营造良好数字生态，建设数字中国。”随着我国创新型国家建设的推进，在线化、数字化、智能化已经成为新常态，企业对创新的需求变得更加迫切，知识创新已经成为影响企业生存和发展的关键环节之一。

日益激烈的竞争迫使企业不断寻找持续发展之路，创新作为引领发展的第一动力，被认为是现代企业获得竞争优势的重要因素，而知识则被认为是维持竞争优势的关键来源，推动着企业的发展。随着知识经济时代的快速变化，企业的发展越来越离不开异质知识的积累、创造和利用，面对乌卡时代［易变不稳定（volatile）、不确定（uncertain）、复杂（complex）、模糊（ambiguous），VUCA，简称乌卡］的挑战，企业对知识创新的需求更加迫切，知识创新已经成为企业在高度竞争的环境中获得生存和发展的关键环节之一。在我国创新型国家战略建设的推进下，创新在行业竞争中的重要性日益凸显。知识创新体系作为我国创新体系中的关键环节之一，推动着国家和企业的整体发展和核心竞争力的提升，因此，知识创新能力的提升至关重要。

企业在竞争过程中越来越重视知识和知识资产，逐步认识到新知识是实现和保持竞争优势的关键生产要素。但是，企业仅仅依靠其内部进行新知识的创造难以维系可持续性创新。因此，企业如何更有效地进行新知识的创造成为重要的研究课题。

2021 年发布的《中华人民共和国国民经济和社会发展第十四个五年规划和 2035 年远景目标纲要》中明确提出要“完善技术创新市场导向机制，强化企业创新主体地位，促进各类创新要素向企业集聚，形成以企业为主体、市场为导向、产学研用深度融合的技术创新体系”。以往，众多企业依赖其内部进行新知识的创造，企业与用户之间的联系仅限于生产商和消费者的关系。在互联网迅猛发展和数字化生存背景下，企业已经认识到知识是创新的基础和保障，用户知识是组织创新和新产品开发的重要资源。用户可以融入企业创新的各个环节，将自己的个人喜好赋予商品本身，最终使企业创造出满足个性化体验、与众不同的产品。用户可以与企业一起创造知识。因此，企业与用户需要建立一种双方共赢的知识共创机制。

2020 年 3 月 4 日召开的中央政治局常务委员会会议上提出加快 5G 网络、数据中心等新型基础设施建设进度。未来，基于大量的新型基础设施和企业信息系统的建设，企业将会有更多的机会与条件获取与用户相关的数据，更多地与用户进行互动交流，促进知识共创。

《中华人民共和国国民经济和社会发展第十四个五年规划和 2035 年远景目标纲要》中明确指出：“迎接数字时代，激活数据要素潜能，推进网络强国建设，加快建设数字经济、数字社会、数字政府，以数字化转型整体驱动生产方式、生活方式和治理方式变革。”基于数据驱动，企业和用户可以找到最短的连接路径，只要一个产品创建者有足够的闪光点、吸引力、人格魅力，就可能迅速聚集到一群追随者。数字化时代，企业只有不断发现与挖掘用户需求的痛点，与用户不断进行有效的知识共创，形成产品创新的新模式，最终才能在市场竞争中立于不败之地。

今天的企业拥有无限的创新机遇，随着全球化、传统行业与科技的融合，企业与用户的力量博弈正在快速变化，企业独自创造和决定价值的传统经营模式已经面临巨大的挑战。面对不确定性时代，企业生存和发展面临更多的困难和挑战，企业对创新的需求变得更加迫切。

随着互联网社群生态的形成以及市场环境不确定性的加剧，企业完全依靠自身的知识创新能力获得竞争优势越来越困难。随着互联网时代的到来，价值链边界已被打破，变成了所谓的价值共创机制，价值链变成了价值网。通过价值共创机制，企业可以把自己不擅长的外包出去，只运作自己擅长的那一部分（施炜，2017）。用户作为市场主体，是企业核心竞争力的最终来源，因此，越来越多的企业开始探寻一条通过虚拟品牌社群与用户进行知识共创的新路径。

海尔、华为、小米、微软、IBM、可口可乐、通用电器和苹果等公司已经将用户融入企业价值创造的各个环节，从创意产生、产品设计、产品制造、渠道选择、产品交付到服务实现，都要和用户紧密联系在一起。当用户可以全程参与企业的价值创造之时，企业便有途径充分接触和理解用户对于产品认知、产品需求以及趋势理解的变化。海尔雷神笔记本电脑的开发过程中，通过 QQ 群、贴吧、论坛、微信、微博、神游网等多平台与用户交互。在这些平台上用户每天探讨跟游戏或硬件相关的话题，企业通过不断与用户交互，形成对笔记本电脑的共同知识，从而捕捉到用户的痛点并进行产品开发。万达学院、华为大学等一些领先的企业大学，非常注重学员参与的知识共创，通过“知识集市”“复盘专班”等方式，让学员就工作中的实际难题集思广益，共同研讨、创造出实用的知识。

通过与用户的知识共创，企业就可以从更丰富的角度挖掘用户的意识和需求，从而在整个创新过程中拥有清晰的目标，最后产品返工的风险就比较低，产品上市后也更容易被市场接纳。尤其是在一些用户参与程度比较高的情况下，用户在很大程度上可以承担产品创新的主要工作，企业只需在用户的基础原型上加以改进就可以投产上市，这种情况下企业的研发成本可以大幅下降，产品研发周期也会大大缩短。

随着开放式创新理念的不断普及，知识共创已经逐渐成为企业在创新活动中整合外部多边创新资源的重要方式。随着互联网社群生态的形成，越来越多的企业通过虚拟品牌社群与用户进行互动。在社群中，用户可以平等地沟通和交流产品及技术信息、分享产品使用经验、协助解决产品使用问题，甚至联合起来，运用集体智慧，在不依靠企业和科研机构力量的情况下，独立完成新产品开发。如物流服务企业 DHL 采用共创的方式来开发新的技术，这种方式有效地提高了其准时交货率，降低了客户流失。大量开源软件项目的成功也是一个很好的例证。

根据创新领域的研究，一定程度上，创新就是一个互动、交互的过程。知识是开放、演化的种子，而不是最终的产品。知识的形成可以看作一种协作与社会交换过程，依赖于一种协同、知识共享的动态维护过程。知识共创是一种社会实践。根据社会交换理论，知识共创可以被定义为用户与企业双方通过不断互动、交融，双方知识不断共享、学习、组合和创新的循环演进过程。

虽然一些学者对知识共创进行了研究，从中得出一些重要结论，如通过企业与用户的知识共创可以促进新产品开发绩效、知识共创对突破性创新具有正向影响、知识距离和组织间知识共创之间的影响关系、社会资本对组织内部知识共创的影响、基于组织记忆动态过程的知识创新机制、知识共创是企业-顾客在线互动和知识流动转化的螺旋上升的动态循环过程、数据驱动企业与用户互动创新的适应逻辑等。

但目前针对知识共创的内部机理的研究并不多，现有研究知识共创的知识内涵、共创过程机制，以及用户与企业的知识共创对创新的影响、如何激励用户与企业的知识共创等问题的研究还处于起步阶段。因此，采取科学可行的研究方法去认识知识共创的过程、影响因素以及对企业创新的影响，是目前企业知识管理面临的重要挑战。

二、知识共创的研究价值

在数字经济时代，对客户现实需求和潜在需求的深度挖掘、实时感知、快速响应、及时满足水平已经成为企业新型能力的分水岭。企业只有不断发现与挖掘用户需求的痛点，打造面向用户需求、用户体验的感知能力与转化能力，通过“需求—数据—功能—产品—创意—产品链条”数据联动的快速、及时与高效，构建与用户不断进行有效的知识共创的机制，形成产品创新的新模式，最终才能在市场竞争中立于不败之地。

埃森哲发布的《2020 中国企业数字转型指数研究》报告指出，在这特殊的一年，中国企业面临复杂多变的经济形势，其数字转型的节奏、重心，以及未来投入的意愿、策略也发生了明显变化，中国企业数字转型指数整体得分升至 50 分，但也只有 11%中国企业成功实现数据驱动的商业创新。因此，如何从传统方式转移到数据驱动的创新方式是数字化时代企业管理与实践的难点。在埃森哲随后发布的《2021 中国企业数字化转型指数》和《2022 中国企业数字化转型指数》中，对中国企业数字化转型进行了更加深入的分析。从实践来看，越来越多行业龙头以及重点行业中的骨干企业除了加快自身数字化外，还通过平台建设将各自关于数字化实践的经验赋能中小企业，形成对上下游相关主体的支撑。企业还需要从关注触点优化，转向关注价值提供，了解用户所在的场景、承担的多重角色，以吸引、支持、服务用户为核心，确保每次互动都会以某种方式使用户受益，确保品牌能为客户带来真正的价值，而非流于表面的连接，也不是随波逐流与竞争对手保持一致，更不要为了业务的增长，一味索取客户数据，造成客户困扰。

本书通过对知识共创的理论进行研究并结合企业实践进行分析的意义在于：

（1）剖析知识共创的过程机制，为企业提升知识共创能力提供实践指导。

（2）促进企业深入理解数据化思维，充分利用虚拟品牌社群中的用户知识，通过知识共创快速获取与响应用户需求，与用户共同进行知识创新，从而降低企业成本。

（3）促进用户提升对产品需求的认识，增加对相关产品的认知，促进产品的演进与创新，更好、更快捷地获取能够满足用户个人需求的创新型产品。

第二节　知识共创研究方法

企业要进行创新，必须从创新的本质出发，分析创新的规律以及知识对企业所起的决定作用，构建知识共创的过程模型。基于虚拟品牌社群的视角，深入分析品牌社群中新成员的知识获取机制、社群用户角色的演变过程以及社群用户的知识分享机制，逐步了解知识共创的本质。唯有如此，才能厘清知识共创的内在机理。

本书的研究内容涉及知识共创、知识创新、用户行为等领域，为了完成相应的研究工作，将采用文献研究法、系统动力学仿真分析、案例分析法等方法开展研究。

1. 文献研究法

对已有的知识共创的相关文献进行搜集、整理，分析用户与企业知识共创的前因与后果。同时，通过文献研究，对知识共创环境、知识共创来源、知识共创能力、知识共创过程、知识创新的测量指标进行梳理，为后续的研究提供理论基础与文献支持。

2. 系统动力学仿真分析

在虚拟品牌社群用户角色演化模型的基础上，使用系统动力学方法建立流量图，接着定义状态参数、常量、速率变量及辅助变量。用系统动力学的思维去模拟虚拟品牌社群用户角色的演化情况，直观地仿真出用户在社群参与知识创新当中角色的演化过程，并对仿真的结果进行分析。

3. 案例分析法

通过海尔、得到、华为等企业的虚拟品牌社群知识共创的案例，剖析企业实践案例，挖掘企业的成功经验，进一步验证知识共创的理论研究成果。

第二章 知识共创与虚拟品牌社群的基本概念

第一节 知识共创

一、知识共创基本概念

1. 知识共创的定义

共创（co-creation，也称共同创造）自 20 世纪 90 年代被提出以后，被界定为企业与其用户实现价值的联合生成的过程（Kambil et al，1999）。共创的价值依赖用户与企业的共同努力，同时需要企业关注其中的风险控制问题。企业需要努力与用户共创竞争力，将用户在企业产品实践中从被动接受者逐渐转变为参与者，并最终转变为价值的共同创造者（Prahalad 和 Ramaswamy，2000）。

自共创思想提出之后，引起了学术界的广泛关注，也凸显了用户与企业合作创造价值的重要性。Vargo 和 Lusch（2008）提出用户通常是价值的合作创造者。Zwass（2010）认为共同创造是用户参与企业市场价值创造的活动。随着共创的概念逐渐被引入知识管理领域，共创被认为是在知识生成、产品或服务价值创造等过程中参与主体之间进行合作、创新或创造的过程（张永成和郝冬冬，2011）。在实践中，越来越多的企业参与到共创项目中，实践的不断深入和凸显的成效为知识创造制造了新的机会。

希普尔在《用户创新：提升公司的创新绩效》中认为，用户是许多——也许是绝大部分工业品和消费品的第一个开发者。在创新社群中，用户可以开发、检验和扩散他们的创新，从而提高速度和效率；他们可以利用社群参与者所创造的可能相互连接的模块来创造更大的系统，从而增加创新的便利性。Gibbert 等（2001）提出企业可以通过基于 Web 的技术组合（co-opting）用户能力的方法来重构组织的价值。组合用户能力不仅仅是重构组织全面竞争力的方法，还是确保企业在动荡的环境中不被淘汰的重要方法之一。

随着 20 世纪 90 年代末经济危机的爆发，随之而来的是市场竞争不断加剧、新兴信息技术不断涌现和用户需求快速变化，一部分学者开始关注企业与用户的知识创造，以及用户在组织创新过程中所扮演的积极角色。Prahalad 和 Ramaswamy（2000）使用"共同选择"一词强调了与用户合作对组织的价值和知识创造者的重要性。他们建议用户必须从被动的受众角色转变为积极参与创造价值和知识的角色。同年，Sawhney 和 Prandelli（2000）提到用户作为知识共同创造者在知识经济中有重要作用，并认为企业与用户共同创造知识有利于新产品的开发。Thomke（2003）在研究中提到企业在获取用户知识和信息方面的战略变化，认为用户作为创新者的角色变得越来越重要，并指出用户创新将为用户和组织创造巨大价值，但获取这一价值并不是一个简单而直接的过程。

知识共创不仅是一个单独的概念，还是一个特定的过程。Durugbo 和 Pawar（2014）认为有效的共创必须理解共创战略和共创技术的选择。一个共创流程是基于客户、供应商和竞争对手的共识和约束的基础之一，为了完成用户需求的一系列活动的集合。实现共创的步骤包括需求分析（need analysis）、参与范围分析（participation scope）、价值状态分析（value status）和技术选择（technique assignment），通过这些步骤的循环迭代不断促进共创的价值。

知识共创，尤其是企业与用户的知识共创，是企业进行新产品开发的核心。知识共创可以被定义为组织与其合作伙伴、竞争对手、供应商和用户等相互协作以共同创造知识的过程（Kohlbacher，2008）。在知识共创的过程中，组织面临两个基本的问题：一是如何发现领先用户或能够给予组织有价值知识的用户；二是如何激励和触发用户参与知识共创的过程和意愿进行知识共享。克服这些困难的方法是构建组织吸收、共享和使用用户知识的能力。Mohaghar 等（2012）构建了一个四阶段的用户知识共创能力框架，分别是定义相关用户的能力、吸收相关用户的能力、提供适合知识创造情境的能力和使用创造知识的能力。组织若能够定义和吸引相关的用户参与共创，将会获得更强的知识共创能力。组织通过建立基于用户信任的适合关系，能够提供适合的条件创造知识。当组织有能力将知识创造融入创新流程和创造一个新的创新产品过程之中时，知识共创在一个组织中将能够有效地开展。

Nissen 等（2014）认为知识共创是企业使用共创者的知识去创造新知识的活动、过程和结果，并具有明确创造价值的目的。张培和杨迎（2017）认为知识共创是企业为了获取竞争优势，与多个参与主体互动协同创造产生新知识的过程。Chesbrough 和 Spohrer（2006）将知识共创分为由外而内和由内而外两种流程。张永成和郝冬冬（2011）在引入外部的创新能力的背景下，将知识共创分为嵌入型和外部联合型两类，并分析了知识共创的内涵、效果及影响因素。范钧等（2017）将线上交互背景下的知识共创，分为内向型和外向型两类，并进一步界定了外向型知识共创。聂津君（2020）基于知识流动转换动态循环的过程，将企业-顾客内向型知识共创分为知识共享、知识获取、知识融合和知识创造四个阶段。

2. 知识共创的原则

Prahalad 和 Ramaswamy（2004）给出了一个基于对话（dialogue）、存取（access）、风险评估（risk assessment）和透明（transparency）四个基石的 DART 模型来解释知识共创的基本原则。

为了实现共创，企业和用户之间必须进行对话。为了有效共创，这些对话必须紧密集中在受到关注的话题，具体而非泛泛之谈，有条有理，有同理心和翔实。这些深入和个别对话是很耗时的。然而，除非有一个可行的方法来接收用户的意见，否则整个共创的过程就会陷入停滞。随着时间过去，具有共同兴趣和爱好的社群可能会发展起来，使企业在与用户进行一对一的对话之前，能够预测可能出现哪些话题。对话强调共创过程中，用户之间、用户与企业之间能够平等地进行共享交流和学习。对话需要建立情感，在社会和文化背景的基础上，要求深入理解个人经验的观点，如果没有围绕对个人有意义的内容进行积极的对话和观点的分享，这是无法实现的。积极的对话是让用户根据自己的条件参与，并随着用户的需求和价值发展而不断学习和改进。

存取是指能够获取有关其他人的经验、情境数据、工具、专业知识、技能以及集合系统中其他代理的创造力的信息。它使个人能够通过所有权以外的方式引导自己的经验并体验价值。新一代高效赋能技术使人们能够获得信息，使个人能够像以往一样共同创造有价值的体验。传统上，公司通过销售产品和服务来创造收入。然而，更多的时候，用户的目标不是拥有一个产品，而是获得令人满意的体验。在共创的时代，存取的概念将与所有权区分开来。例如，用户可能被赋予存取数据库的权利。通过这些数据库，用户可以了解同样多的信息，就好像他拥有产品本身一样。或是可以按照需要提供资源，让用户只需要负担时间的费用，而不必购买设备。通过租赁协议可以取得一种生活方式，这种协定提供了生活方式的好处，但免除了所有权的责任。当所有权和使用权的概念区分开来时，就会出现许多商业机会。通过这种方式，就可以接触到整个消费群，而不是仅限于那些有足够资源购买设备的消费者。

风险评估关注企业在用户作为积极的共创者时，企业需要提供适合的数据与方法以评估个人参与产品与服务创新的风险。用户现在要求获得更多关于产品和服务的信息。然而作为回报，他们也要承担更多的责任，必须运用风险回报率来处理这些风险。过去，企业在安全问题上为消费者做出了单方面的决定。然而在共创时代，用户希望了解和辩论风险。然后，他们才能根据情报对风险和利益作出取舍。

透明意味着基于参与系统中交互作用的事件的信息流的可见性。信息是实现透明的关键组成部分。为了更好地获取信息和知识，参与有意义的对话，评估风险和回报，互动必须透明。透明意味着建立信任的开放和沟通。没有信任，个人不愿意透露重要信息，并将保留自己的意见。当企业、客户、合作伙伴和其他外部利益相关者在整个生态系统中达到集体透明时，他们开始做出互利决策，并开启新的价值来源。为了共创有意义的价值，用户必须获得企业现在所有的信息。没有披露完整的信息，就不会产生信任。当企业在一个完全公开的环境工作时，用户可以放心，他们做的决定是根据完整的事实，而不仅仅是一小部分数据。

共创的基石——对话、取用、风险评估和透明，可以以多种不同的方式结合起来，这使企业能够相当有效地让自己脱颖而出。当企业能够组合 DART 的四个不同基石时，将产生不同的能力，如通过组合存取和透明能够增加用户做出知情选择的能力。

根据众多学者的研究，结合社会交换理论和 DART 模型，本书将**知识共创**定义为：企业与用户双方通过不断地互动和交融，双方知识共享、学习、组合和创新的循环演进过程。知识共创是企业和用户通过互相启发、激励，共同构建和发展新知识的过程。知识共创需要有机地融合企业的知识和用户的知识，而融合知识的前提是需要企业与用户共享相关的知识，并达成共识。

二、知识共创的研究视角

对知识共创的相关研究有多种不同的视角。通过梳理目前的研究文献，知识共创的研究视角主要有知识共创的影响因素视角、知识共创的内在机理视角和知识共创生态系统构建视角三个方面。

1. 知识共创的影响因素视角

企业与用户的知识共创包括企业、用户以及相应的共创平台，目前的研究主要从企业的激励、用户的参与动机和平台支持三方面展开。

部分学者在研究新产品开发方面时，发现开发中的共创水平会受到各方面因素的影响，企业的激励会促进用户创造水平的提升，而顾客的角色冲突、知识产权等会抑制共创水平。刘璞（2020）指出企业对顾客提供资源的要求或期望过高，会产生企业期望与顾客个人价值观不匹配的情况，使顾客陷入角色冲突的困境，产生负面偏离情绪，从而导致其抵触参与活动甚至减少资源提供，诱发知识共毁。此外，赵娜（2016）总结出知识产权保护对知识共创的影响效应呈倒 U 形，即知识产权保护制度初期对知识共创有积极影响，持续强化到一定程度后，若继续加强知识产权保护，此时便开始产生反作用。Ruoslahti（2020）研究发现，在推动联盟跨职能和边界合作的创新项目中，合作复杂性被视为更好地实现知识共创的关键因素，在项目开始之前做好周全的计划有助于项目获得更好的结果。除此之外，合作伙伴的动机和专业知识水平对获得良好的结果也很重要，当合作伙伴聚集一起解决项目共创问题时，自我组织的有效发挥也将更为明显。唐小飞（2020）进一步在印象管理理论基础上得出具有追求知识共创动机的社区成员，主要有能力展示和自我学习两种动机，通过积极的自我展现获得他人认可以进一步促进社区的创新绩效。

经典的创新社区是 1998 年 Nonaka 和 Konno 提出的“Ba”（场）的概念，被认为是一种知识创造的共享空间。一部分学者通过对社区用户的知识创新进行研究，逐渐形成了基于社区的创新方法。在产品创意生成与概念设计阶段，企业可以获取社群中用户的新思想和新奇的概念，然后由企业员工对其进行不断的迭代与整合，如宝马公司通过社群来聚合用户的想法。在产品设计与工程阶段，社区用户可以以企业的合作创造者（co-creators）的身份参加产品的设计。在产品测试和推广阶段，社区用户将以产品终端用户或购买者的身份参加产品的开发（Nambisan，2002），如沃尔沃公司利用其社区让用户理解公司将提供的不同类型的概念车。

创新社区中用户与企业知识共创对产品创新的影响主要表现在改进产品的设计、获取用户的创意等方面。虽然用户创新的产品更具有原创性、价值性，但缺乏柔性。相关研究表明，用户通过社区与企业知识共创并将相关的产品需求知识转移给企业，对新产品开发的各个阶段（创意生成与概念设计、产品设计与工程、测试与推广）均有显著的影响，企业可以创造出更符合消费者需求的产品。

相关不断涌现的社区已经成为企业收集创意与推动创新发展的重要平台，用户与企业知识共创对产品创新影响的研究主要集中在产品创新不同阶段用户需求的获取和基于社区用户的知识进行新产品开发等方面。如 2007 年戴尔通过在线社区 Dell IdeaStorm（头脑风暴）邀请最终用户分享其有关开发或改善新产品的想法。Leenders（2016）总结了社会网络对产品创新（新产品开发）的影响。鲍会鹏（2015）等得出在新产品的开发过程中，用户、供应商、分销商，中间商，甚至是竞争对手，形成的协作网络促使公司从以内部为中心的创新走向以外部网络为中心的创新。社群用户有关产品或服务的体验、看法及建议对于企业获取创意、新产品开发与产品改良起到至关重要的作用。Namisango（2019）从互动主义理论视角进行分析并认为：企业社会网络（enterprise social networks，ESNs）为组织员工提供感知和实现的行动可能性既能够对知识共创过程产生积极影响，还会影响处于知识共同创造实践中的 ESNs，而 ESNs 的结构也对 ESNs 中的知识共创起到正向影响。另外也可得出，知识共创是一种社会过程，揭示了社会互动与多元知识过程之间的联系，使个人和群体层面的新知识创造成为可能。

共创社区的支持对用户参与知识共创的意愿有很大的促进作用。借助心理所有权理论，范均（2020）总结出由于虚拟品牌社区对用户提供了情感和工具设备方面的支持，从而减弱了用户对企业的不信任感和防备心理，降低了顾客对知识的控制欲和拥有感，对顾客参与知识共创有一定的激励作用。Goyal（2020）认为相对于组织内部知识整合，客户共同创造和伙伴采购可以为组织创新提供更多样的想法和第一手知识。在组织知识创造过程中，知识传播能力对组织知识创造有一定的干预调节作用。

在对产品创新绩效的研究中，很多学者从不同角度进行了深入探讨。汪涛和郭锐（2010）提出从新产品质量和新产品开发相对于主要竞争者成功的程度两个方面来衡量。衡量产品创新的绩效指标不仅包括产品本身的创新，还包括新产品的市场表现，包括创新效率和创新效果两个方面。创新效果是指新产品开发的成功程度，包含新产品质量、用户的满意度等方面，强调的是新产品上市后的表现。创新效率是指产品创新过程中企业付出的努力程度，包括引入新产品的及时性、研发速度、研发成本、创新性等方面。新产品绩效可以通过新产品的销售收入、新产品的数量、新产品产值占销售总额的比重等指标来衡量。

2. 知识共创的内在机理视角

为揭示知识共创内部作用机理，不少学者探讨了知识共创的内在结构，以及知识共创在促进新产品开发和企业绩效等方面的作用原理。

聂津君和范钧（2020）研究了如何有效实现内部与外部创新主体的联合知识创造过程机制，基于知识流动转换动态循环过程，将企业－顾客内向型知识共创分为知识共享、知识获取、知识融合和知识创造四个阶段。李杨（2020）以用户参与价值为导向，将用户社交性需求融入互动过程，揭示了用户融入知识服务价值共创的差异化互动方式以及差异化激励措施。

结合企业社会媒介深入研究知识共创的结构，Namisango（2019）等认为知识共创由网络公民化、知识捐赠、知识复制和知识收集四部分组成。网络公民化包括在以知识为中心的网络中参与者的承诺行为、社会责任和支持，能够为知识流动建立联系。知识捐赠即外化自身经验、想法并影响他人行动的过程。企业社会媒介通过社会参与、社会赞扬、社交分散等影响知识网络公民的活动，通过信息共享、焦点分散等影响知识捐赠过程。企业社会媒介还会通过其他途径影响知识复制和知识收集过程。Zhang（2020）将知识共创定义为在社交媒体中的协作新产品开发过程，企业利用社交媒体协同创造技术的潜力，整合社会资源，将企业新产品开发看作一个组织学习过程，通过使用“学习机制—结果—绩效”框架解释社交媒体驱动的客户与企业的知识共创机制。该模型视知识转移和企业的吸收能力分别为组织学习的一阶和二阶结果，并证明结构关联、认知关联、关系关联三个维度是知识转移有效性和吸收能力的促成因素。

关于企业与用户之间进行知识共创的过程，Füller 等（2006）总结其过程主要由识别相关用户、吸收相关用户、提供适当的环境、利用创造的知识等组成，企业必须经过这四个过程才能更好地开发新产品和服务，从而提高企业的知识共创能力。早期的用户知识管理模型强调对来自用户、关于用户、用于用户的三类知识的管理，后来逐渐将用户知识拓展为四大类：来自用户的知识、关于用户的知识、用于用户的知识以及与用户共创的知识。来自用户的知识，通常由用户传递给企业。这类知识涉及用户的感知、洞察力和反应，包括用户对市场的解释、关于竞争环境的整体认识，对竞争对手产品和服务的知识、积累的关于产品的消费知识和技能等。关于用户的知识，是一种以用户为中心的知识，反映出用户的现状或未来可能的变化趋势，既包括用户的姓名、性别、年龄等人口统计特征，也包括消费习惯，对产品的期望、购买行为等消费属性知识，还包括变化趋势等预测属性知识。用于用户的知识，是用户在与企业互动时所需要的知识，由企业传递给用户，并在与用户的互动中进行调整与转换，满足用户对产品、市场和其他相关事项的知识的需求。用户共创的知识，主要体现在用户共同参与企业的价值创造活动之中，用户与企业在同一立场上贡献其想法、见解与知识，双方互惠互利共同创造出的知识。相对而言，企业获取跨界知识更具有挑战性，但是这类知识对于企业具有非常大的战略意义。

用户与企业参加知识共创需要具备一定的前提条件。从用户角度来看，用户需要能够吸收企业的专业知识并理解其含义；用户要对企业有深度信任；用户能够主动参加知识创造过程。从企业角度来看，企业需要有良好的吸收能力，能够识别用户知识的价值并加以利用；企业需要具备相应的知识共享能力；企业具有能够基于用户知识的新产品开发能力。同时，利用系统中的大数据可以帮助企业和用户进行共创知识，从而提升企业的决策效果。聂津君等（2020）通过软件服务类创新项目的单案例分析，构建了创新服务开发中企业－顾客知识共创的过程机制模型，将知识共创过程划分知识共享、知识获取、知识融合和知识创造四个周而复始、螺旋上升的动态循环阶段。笔者团队（2019，2020）探讨了组织学习、组织记忆和组织忘记等企业能力对知识创新的影响。

3. 知识共创生态系统构建视角

用户的知识共创活动催生了平台经济、分享经济及社群经济等一系列经济模式。开放式创新数字平台、企业社会网络为知识共创搭建了良好的成长环境。知识共创生态系统是知识共创人与知识生态环境相互联系、相互作用而形成的具有知识流转和知识共享等功能的有机整体。

杨逐原（2020）在移动视频阅读的研究中指出，用户既是阅读者也是知识共创者，而用户在移动视频阅读平台的知识共创活动主要通过搜索内容、点击阅读，以及发表相关评论等生产传播内容和数据的方式来实现，扩大了知识的传播边界，促进了知识的进一步整合。Abbate（2019）等借助案例研究了开放式创新数字平台与知识共创的关系。开放式创新平台通过其流程、工具和服务支持知识共创并在此过程中发挥着中介作用。

知识共创者、知识资源和知识共创环境三者间相互作用，共同构成知识共创生态系统，并与政治、经济、文化、科技等多个外部社会子系统相互影响，其中知识共创者在知识共创生态系统中占据核心位置，扮演着知识生产、分解、传播和消费等多种角色，大脑和思维是其知识共创的工具。

通过对国内外相关文献的仔细研读、思考和分析，可以发现在用户与企业知识共创的研究方面，可以得到以下结论：

（1）用户作为重要的外部创新主体，在企业创新活动中扮演着共同开发者和知识创新者的角色。企业需要不断与用户互动，与用户共享知识，及时获取用户对产品的反馈与改进，加快企业产品创新过程。学术界、企业界已经认识到创新活动过程中整合内外部资源的重要性，这为开展用户与企业知识共创的相关研究奠定了良好的基础。

（2）虽然目前有一部分文献对知识共创进行研究，但这些研究多是集中在研究知识的类别、知识共创对产品创新绩效的影响、创新社区对知识共创的影响等方面，研究主要采用定性研究和静态的讨论。

根据以上分析和总结，可以发现，有以下几个方面的问题值得进一步研究：

（1）用户是企业创新的重要源泉，如何更好地吸纳用户参与创新，获取并理解用户有关产品创意、产品使用的知识，完成知识共创过程。对于企业来说，需要什么样的能力以支撑与用户的知识共创。

（2）影响知识共创的因素有很多，既有内部的，也有外部的。对于企业来说，用户与企业知识共创所需要的知识有什么要求，这些知识的特质是什么，影响知识共创的驱动力包括哪些。对于用户来说，如何从获取企业的相关知识的共享阶段逐渐走向知识共创，整个共创的过程机制是什么，吸引用户参与的动机是什么。对于企业来说，应该通过什么途径，设计什么样的制度以吸引用户的参与。

（3）面对数字化的内外部环境，企业已经积累了大量的业务数据，各种与用户的交互平台上也累积了很多的用户数据，如何充分利用已有的数据和交互平台上不断生成的数据，基于数据驱动的理念建立企业与用户的深度互动机制，从而逐渐形成知识共创能力，进而促进企业知识创新能力的提升。

第二节　虚拟品牌社群

一、虚拟社群

社群（community，也称为社区）是指人们通过有关系的互动或社会连接组成的社会关系网络。互联网的发展为社群的形成提供了新型媒介，人们可以随时随地方便地通过网络进行交流、沟通和互动，虚拟社群（virtual community）由此应运而生。

虚拟社群最早发展的基础源自一个叫 USENET 的网络，它通过连接各大学计算机中心让各大学的会员可以在此网络上发帖或者读帖，形成一个交流知识与分享兴趣的虚拟社群。

虚拟社群是伴随着互联网的发展而兴起来的。虚拟社群又称在线社群（online community）、电子社群（e-community）、网络社群（community on net）、虚拟空间社群（virtual space community）等。在过去，虚拟社群经常被认为是 BBS、聊天室、公告版等。如今，虚拟社群包括社交网站、创意社群（众包、开源软件开发）、开放式创新社区等，它已经成为人们互动、维持关系、知识交换以及知识分享的重要渠道。

最早提出虚拟社群概念的学者是 Rheingold。Rheingold（1993）认为虚拟社群是一种社会聚合，当足够多的人带着足够的人类情感进行公共讨论，形成网络空间中的个人关系网络时，虚拟社群就会从网络中出现。虚拟社群中的人们使用屏幕上的文字来交流和争论，进行讨论，进行商业活动，交流知识，分享情感支持，制定计划等。虚拟社群中的人们做着人们在现实生活中所做的一切，但我们把自己的身份抛在身后。对于数以百万计的人来说，与计算机相连的文化的丰富和活力是有吸引力的，甚至是令人上瘾的。虚拟社群中的人具有共同的兴趣和目标，相互交互，分享信息和知识。

虚拟社群包括四个必要的特征：交互性、沟通者、公共共享的中介交流场所和持续的成员资格。随着社会和网络技术的进步，人们使用虚拟社群的时间越来越多，这给虚拟社群的发展带来了很大的推动，同时也使得虚拟社群产生了很多新的内涵。

虚拟社群最基本的功能是作为一种社交网络，用户可以在任何地方或时间进行交互，而不需要它们之间有任何预先存在的关系。

陈晓强（2002）研究认为，虚拟社群作为产生于网络社会的社群形式，与实质社群相比，这是一种新型的社群。虚拟社群的新颖性在于“人—机—人”的间接互动方式、超时空的互动层面、网络版的语言符号、有利于弱纽带形成和扩张的群体环境及高技术支持的互动平台。虚拟社群在本质上是一种真实的社群存在方式，其真实性缘于网络社会的现实性、虚拟世界的真实性、切实的社群感体验和具体的社群形式。

基于以上学者们的研究，可以发现，依托于网络媒介是虚拟社群的最大特点，它可以打破时间和空间的限制，使人们之间的交流与互动更加容易。

二、品牌社群

Muniz 和 O’Guinn（2001）认为品牌社群（brand community）是一个专业的、不受地理限制的社群，基于品牌崇拜者之间的一组结构化的社会关系。品牌社群成员具有共同的意识、仪式和传统，以及道德责任感。这些社群所处的商业和风气影响了社群成员的性格和结构，并产生了他们的特殊性，提供了对品牌、社群和消费者行为的启示。

消费者在品牌社群中充当着十分重要的角色，它可以让组织者建立一系列与消费者的联系。一个品牌社群是企业提高自身差异化和竞争地位的必要手段，它不但加强了企业与消费者之间的联系，还可以让消费者参与到品牌共创当中，这对消费者理解品牌、企业建立与消费者的沟通策略以及维护与客户的关系具有相当重要的意义。

Schouten 等（2007）认为，品牌社群作为一种社会关系的集合体，它主要存在四种关系，包括顾客与品牌、顾客与产品、顾客与企业及顾客与其他消费者之间的关系。这四种关系将顾客与企业、品牌、产品都融合进品牌社群中，而维系他们之间关系的纽带便是社群文化。品牌社群中的用户大多是品牌的热爱者，他们愿意在社群内表达他们对于品牌的看法，而共享正是品牌社群文化的一个重要组成部分。有学者指出，从社群文化的角度上看，管理者应该了解到社群用户对品牌的认同对社群文化的影响。

已经有相当多的学者从不同的社会和管理相关的角度研究品牌社群，但是目前并没有哪一项研究能够全面解释企业应该如何管理品牌社群，以便营造一种可以通过用户信任、经验和认同实现高水平参与的环境。在品牌社群的背景下，消费者的体验是与其他成员互动以及和社群本身互动的结果。品牌社群要想长时间地生存下去，还要取决于社群能为用户提供知识和经验，而这个过程是需要时间积累的。

三、虚拟品牌社群

学术界对虚拟品牌社群的命名及定义没有完全统一。虚拟品牌社群对应的英文名有“online brand community”“virtual brand community”等，相应的中文译名包括“虚拟品牌社群”“在线品牌社群”。本书采取最常用的中文命名“虚拟品牌社群”。

虚拟品牌社群是品牌社群概念的延伸，成员之间的交互主要是以互联网为中介。对于虚拟品牌社群概念研究方面，Kozinets（1999）称其为在线品牌社群，是社群成员在互联网上通过官方论坛、个人博客等途径将自身的品牌体验和品牌态度进行交流的场所。虚拟品牌社群具有商业的天然属性，基于成员的共同兴趣、尊重、同情和对品牌的热爱。虚拟品牌社群具有很多与互联网相关的交互特性：一是社群成员交互与参与的水平更高，有更多深层次的参与；二是社群关系的水平更高，成员将全面评估在社群中的共享与收获；三是认同的水平更高，成员感觉自己是社群一部分的自我认同感更强；四是沟通的质量更高，在时间线、相关性、频繁性和持续性四个维度方面的信息交换更强。

Algesheimer 等（2013）认为虚拟品牌社群是基于互联网而产生的新形式虚拟社群，也是产品、品牌的爱好者以品牌为中心形成的关系群体，是品牌社群的一种形式。Gruner 等（2014）认为虚拟品牌社群是由企业自身、品牌追随者或者第三方发起，运用互联网技术、数字传播等技术形成的社会关系网络，社群成员可以借此互动交流品牌信息和消费体验，并形成稳定的社交关系和认同感。

虚拟品牌社群可以按主办者的不同分为企业主导型（firm-hosted virtual brand community）和消费者主导型（consumer-hosted virtual brand community）。在消费者主导型的虚拟品牌社群（Breitsohl et al.，2015）中，参与者分享有关品牌的任何内容，甚至是负面的评论。他们通过交流产品、品牌、服务或其他信息，进而形成持续的、密切的关系。而在企业主导型的虚拟品牌社群（Gruner et al.，2014）中，组织为了维护自己的品牌形象，会及时地回应参与者的评论（Homburg et al.，2015），确定成员的进入门槛或者是提供一些有关品牌促销的内容（Goh et al.，2013）。金立印（2007）将虚拟品牌社群定义为传统品牌社群的一种形式，是线下品牌社群向线上拓展的表现形式，是虚拟社群以品牌为主题而形成的群体。李智娜（2010）将虚拟品牌社群界定为在空间范围上突破了地域的限制，由拥有该品牌产品的社群成员所形成的，以品牌为核心的关系群体。周志民（2013）认为虚拟品牌社群是在互联网技术的支持下，同一品牌的支持者聚集在一起形成，打破传统地域社群的界限，通过互联网交流彼此的品牌体验和品牌态度，并建立亲密的关系。田阳等（2010）认为当网民以品牌为基础聚集在一起，并且在特定的虚拟空间中进行信息共享、情感交流，形成稳定的社会关系后，虚拟品牌社群就产生了。

笔者（2016）认为，虚拟品牌社群是以品牌为中心话题，以品牌爱好者为主体的虚拟网络社群，社群成员依照一定的规范自由交流，分享与产品有关的信息。企业通过社群成员的交流获得有关产品的解决方案，是社群成员参与企业产品创新过程的新途径。

虚拟品牌社群是一种特殊的虚拟社群，它包含参与用户、生成内容、社会网络、辅助工具这四大要素。参与用户包括用户个人档案、用户状态、新鲜事等；生成内容是指用户在社群平台中发布的日志、留言、群组、相册、游戏、电影、活动、应用等；社会网络是指成员归属单位（学校、企业、机构、地区）、群组等；辅助工具是指常用的订阅提醒、聊天应用、分享机制等。

对于虚拟品牌社群，目前在学术界并没有权威的定义，根据以上文献综述，对虚拟品牌社群的定义主要集中在群体聚集与社会互动。与传统品牌社群相似，虚拟品牌社群成员有着共同的价值观念，遵守社群的礼仪和传统，有着基于道德的责任感。通过虚拟品牌社群，企业可以更加便捷地倾听用户的意见和建议，为用户提供个性化产品和服务，提高用户对品牌的认同度。虚拟品牌社群已经成为企业新的营销管理方式，企业出于宣传新产品、维系成员关系的目的，会在社群中推介新的单品、定期组织社群成员的线下活动，并为成员提供相应奖励，不断为成员提供新的话题，成员也可以通过社群平台将自身的对产品的评价反馈给企业。

Wang 等（2012）的研究将用户在虚拟品牌社群中的交互分为产品内容交互（product interactions）、人－机交互（human-computer interactions）和人际交互（interpersonal interactions）三种类型。产品内容交互指的是关于产品的使用、技术和市场信息的交互；人－机交互被定义为用户与基于计算机的超链接的交互，强调客户的使用、对社区的感知和超链接的易用性；人际交互是指虚拟品牌社群内用成员之间的交互。如小米社群这类特殊的虚拟品牌社群，企业通过这个平台不仅仅是为了营销、提升品牌形象和扩大产品知名度，小米更希望通过这个平台帮助企业了解用户需求，更好地为用户提供服务，促进产品创新的同时提升用户体验；用户在这个平台除了实现传统的表达对产品的认识和建立社交关系外，还希望企业采纳自己提出的产品创新观点以实现自身价值，提高社会认同和自我认同。虚拟品牌社群可以被定义为：企业为了提升品牌形象、了解用户需求和促进产品服务创新而建立，以互联网平台为沟通和交流的媒介，用以分享品牌感受和体验、讨论品牌知识、提出产品需求和创意的网络专业社群。

通过梳理国内外研究现状，可以发现，虚拟品牌社群具有以下特征：①社群以互联网技术作为传播媒介，社群都是基于互联网络平台的网站、论坛或基于移动网络的App 来构建；②社群以特定品牌形成相应的交互网络，如小米社群、海尔社群、华为产品定义社区；③社群成员间具有自由性与互动性，社群成员可以通过多种方式进行互动与交流，如发表主题帖子、给产品提出建议、填写产品调查问卷、参加社群活动等；④社群不受时间与空间的影响，可以 24 小时随时随地通过社群进行实时互动交流。

第三节　基于虚拟品牌社群的知识共创

随着虚拟品牌社群的发展，不断涌现的社群已经成为企业收集创意与推动创新发展的重要平台，大量的学者研究了虚拟品牌社群对新产品开发的影响。Füller 等（2008）将社群成员的产品创新活动分为三个阶段：一是社群成员作为产品创意的源泉，向企业提供新的想法和意见；二是社群成员作为协同创造者参与产品的设计；三是作为产品的使用者，向企业反馈使用后的体验和建议。

刘石兰（2011）认为用户的产品创新包含新产品的实际采用和搜索有关产品创新性的信息两个层次。实际采用新产品是指用户愿意使用新产品的趋向，有关新产品创新性信息的搜索指的是新产品信息的了解以及获得程度。刘石兰并未将用户参与的因素纳入产品创新的过程中。李雪欣等（2014）以软件类的虚拟品牌社群为研究对象，分析社群用户的动机对产品创新行为的作用过程时，将社群用户的产品创新划分成产品创意、产品测试、产品上市三个维度。

一部分学者通过对基于社群用户的知识进行新产品开发进行了研究，并提出基于社群的创新方法。用户参与产品创新的过程也可以看作是一个知识互动的过程。虚拟品牌社群中的用户知识不仅仅是指用户的属性特征，还有对品牌以及企业、市场等方面的判断。Levine 等（2000）认为，知识互动的价值性不仅取决于知识的获取，更多地在于新知识的产生。在产品创新这一过程中，用户通过在线社群交流与共享他们对产品的一些想法和相关的知识，在这个过程中，实现了知识的互动，企业吸收内化用户的知识并产生新的知识，以最快速度实现知识价值化。由于不同成员在观点、专长、技术或经验上存在着差异，这种异质性可以引发更多的思考。通过广泛的讨论或对话，企业产品开发团队或组织成员可以重新审视或改变他们的假设，以创造符合用户需求的产品。

本书基于虚拟品牌社群，深入探讨社群用户角色的演变过程，阐述社群成员知识获取、分享的互动机制，从而理解社群中用户之间、用户与企业之间如何进行知识共创。

第三章 知识共创过程模型

第一节 知识共创的参与者

企业需要建立一种与用户协作的机制去获取用户知识，这种协作即为知识共创。通过对知识共创相关文献的研究，可以发现知识共创的主要参与者包括主体、客体和环境等部分。本节将分别对知识共创的主体、知识来源和共创平台进行阐述，为分析企业与用户知识共创的过程做铺垫。

一、知识共创的主体

知识经济时代，知识主体是知识的拥有者、传播者和接收者。从数据到信息，再形成知识，个人、团体和组织都是主体。企业知识论认为，企业是拥有创造和应用知识能力的实体。企业在开展创新活动时，一般从外部多个主体中获取知识，如用户、供应商、竞争者和政府部门等。

随着共创概念被引入知识管理领域，多样化的参与主体对知识共创的影响研究也日益增加。在知识共创中，多主体的参与使得主体本身的创造性与知识的关系变得更加密不可分。在市场上竞争所需的知识正在变得越来越多样化，而与此同时，企业正越来越多地缩小其知识库，致力于实现知识的专业化和集中化。在这样的环境下，企业不再能够自主地生产知识，而必须与贸易伙伴和用户合作来创造知识。

知识共创是以企业为中心的，而用户作为企业合作实际意义上的知识共创者，与企业有着最紧密的知识交流关系。因此，本书更加关注的是用户和企业两个主体，只考虑企业与用户之间的知识共创。

用户能够提供关于那些他们了解或有过亲身体验的产品的可信赖的知识。一名用户可以提供过去知识的一个子集，该子集是与整个用户问题组合相关的。他们可以清楚地说明他们现在正在使用的产品或产品特征，这些产品在解决他们的问题方面存在哪些不足之处，以及在哪些地方是令人满意的。获取一种产品领域的一系列用户需求的唯一方法是了解大量用户的具体要求，因为每位用户都提供了一些有用的需求知识。无论是微观知识创新还是宏观知识创新，都需要以个人知识为中心，通过不断地知识交流、传播、共享，最后在组织中转化、提升，形成组织知识和组织记忆。

企业能够提供有关企业产品的详细信息，并能够提供产品开发全过程的相关知识和工具的支持。同时，企业还可以通过建立虚拟品牌社群与用户进行深度互动。

二、知识来源

知识基础理论认为知识是企业最大的资源，也是最关键的异质性资源。如今，市场经济越来越以知识为基础，企业更加依赖于能够帮助他们生存并长期繁荣的竞争知识。知识是组织乃至国家竞争、生存和增长的基本要素。然而，企业内部无法产生所有所需的知识，仅仅依靠企业内部的知识创造也难以维系知识的可持续性创新，企业需要结合外部资源不断地积累知识，从而获得相对于其他企业的竞争优势。

企业知识理论认为企业本质上是一个共享、吸收、保持、转移、利用和创造知识的学习性系统，是一种使知识一体化的制度。在企业与用户的知识共创中包含了企业知识和用户知识。企业知识主要指企业为了完成基本的业务操作和管理活动，关于工作流程、业务环节、产品或服务的信息等方面的显性知识，以及通过与用户频繁接触、沟通和交流，近距离获得的隐性知识。显性知识可以被企业准确描述，并且通过文字、公式或编程等手段加以编码，以一定形式记录下来，可用企业流程、计划等形式呈现；隐性知识主要来源于个人经验，是没有被系统阐述的知识，非结构化、编码化，是难以直接转移的知识。

用户知识是指用户的经验、价值观等相关信息的动态组合，是系统化的用户信息，主要包括用户的特征、需求、消费经验、背景知识以及用户对企业产品或服务的建议等综合信息。同样，用户知识根据其可视性分为显性用户知识和隐性用户知识。显性的用户知识经过人的整理和组织，可以通过文字、公式等形式表现出来，并以正式的方式（如书本、网络）加以传播，是便于其他人学习的知识。隐性的用户知识是指人本身的经验性知识，主要包括用户的习惯、兴趣爱好和需求等。

三、知识共创平台

随着信息技术和互联网的高速发展，现代企业网络化的特征更加明显，基于平台或访问的商业模式极大地改变了人们的生活，并加速了知识经济的发展。为了吸引更多的用户参与到新产品或者新服务的开发活动中，越来越多的企业依靠网络环境建立了自己企业的知识共创平台。这种知识共创平台是动态知识产生、相互转化作用的场所。

构建聚合企业与用户知识的对话平台，有效传递知识和信息等，为企业与用户提供着有形和无形的资源，也是可以促进知识共享、创新与合理应用的介质载体，即野中郁次郎等（Nonaka 和 Konno，1998）提出“场”（Ba）的概念。例如，戴尔公司的在线社群 Dell IdeaStorm 邀请最终用户分享其有关开发或改良新产品的想法；美的通过 AWE 发布了首个互联家电品牌“布谷”（BUGU），打造了线上用户共创平台“布谷研究所”，建立用户与品牌平等有效的沟通机制，让用户不再被动接受产品，而是可以通过共创平台深度参与产品从概念创意、工业设计、开发设计到内测和公测的全流程。

Ramaswamy 和 Ozcan（2020）明确指出，共创需要有共创平台（engagement platform）的支持。共创平台作为一个交互的平台，特别强调用户与企业的参与（engagement）。共创平台是一个由用户、流程、界面和构件四个要素构成的集合体，是一个为了价值创造的交互环境。只有通过用户的不断参与，才能形成忠诚、建立长期关系和进行价值创造，也才能产生新的思想，如 Nike 公司的 NikePlus 就是一个典型的代表性的共创平台。近年来形成的由企业负责建设的虚拟品牌社群也是一种非常好的共创平台。因此，本书后续的研究将建立在对虚拟品牌社群的相关问题的研究之上。

一些企业虽然没有自身独立的共创平台，但是也可以通过 QQ 群、贴吧、论坛和微信等多平台与用户进行交互。

第二节　知识共创的过程

日本学者野中郁次郎和竹内弘高于 1995 年合作提出了著名的 SECI 知识转化模

型，整个过程如图 3.1 所示。 SECI 模型将知识转化分成了社会化（socialization）、外在化（externalization）、组合化（combination）和内在化（internalization）四个环节。其中，社会化把通过观察、模仿等方式获取到的个人经验变成共享经验，是传递隐性知识的过程；外在化把隐性知识通过概念或图标等方式进行表述，是隐性知识转化为显性知识的过程；组合化把新的、现有的和零散的显性知识融合成知识体系，是融合显性知识的过程；而内在化则把个人或组织中获取到的显性知识内化成为自身的经验，并完成最终知识创造，是显性知识转化为隐性知识的过程。 在此基础上，有许多学者从不同的视角出发对该模型进行了深入研究，并结合该模型来解决企业、政府等组织中知识管理的实际问题。

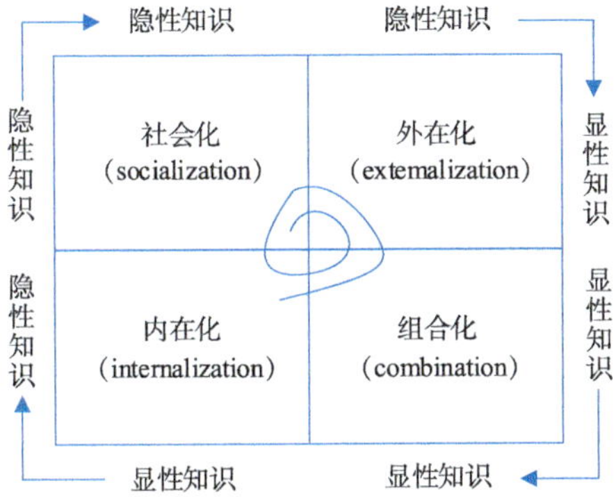

图 3.1　SECI 知识转化模型

知识共创过程涉及多个主体和多个阶段，构成复杂的知识交互作用。 本书认为知识共创是企业与用户双方通过不断互动、交融，双方知识不断共享、学习、组合和创新的循环演进过程。 在企业与用户知识共创过程中，从个体到团队都是知识在知识共创主体间的知识螺旋，且从企业与用户的创新想法、概念到各个业务环节等也都是知识在知识共创过程的知识螺旋。

SECI 模型是研究知识共创的重要基础理论，企业与用户知识共创过程同样存在着知识转化的四个过程。 本书结合 SECI 知识转化模型的四个环节，将企业与用户知识共创过程视为一个由四个阶段组成的循环链，四个阶段分别为知识共享、知识学习、知识组合和知识创造。

一、知识共享阶段

企业与用户知识共创的初始阶段是企业与用户知识共享的过程。知识共享阶段是个体以自身知识积累为基础，依托企业平台进行多方向共享、传播和扩散知识的过程，是在各个场所获取和创造知识的重要方法。它是成功的知识管理计划的核心，起着至关重要的作用。

对于企业来说，实现知识共享是第一步，只有将来源分散的知识汇聚于组织层面，才能进一步进行后续阶段知识的学习、整合和创造。在知识共享这一阶段，企业与用户之间会通过网络虚拟社群、社会化媒体等用户在线参与平台相互获取、相互转变知识。企业可以通过外部直接引入已经编码的用户知识，或以互动的方式根据自身知识创新的需求获取难以编码的用户知识，同时也会在公司网站、微信公众号、微信群或 QQ 群等社交媒体渠道，以文章、图片或视频等形式分享自身企业的知识。企业获取到的这些知识，有用户个人的也有用户所在组织的，不管是显性的，还是带有用户个性的隐性知识，都能够被企业大幅度积累。

对于用户来说，用户会根据自身不同的需求，通过与企业的交流互动，从中获取创新相关的各种知识。在知识共享阶段，用户通过在共创平台上与其他用户一起提出问题、想解决办法等方式来获取企业或其他用户独具个性的隐性知识。另外，每个用户吸收升华出的隐性知识存在差异性，由此可以创造出各种新的隐性知识，继而为整个知识共创提供来源。

因此，知识共享阶段可以为企业与用户提供任务信息和知识，以帮助企业与用户合作解决问题，提出新想法、实施政策或程序。为下一阶段知识的学习、融合和创造奠定基础。

二、知识学习阶段

知识学习阶段是企业与用户知识共创的第二阶段，是专门连接各个节点和信息源的过程，也是整个知识共创过程中关键的一环。在这一阶段中，企业与用户仍然在交流与互动，并将获取的各类知识，学习转化成为自身的新增知识。

对于企业来说，知识学习可以帮助企业从用户处学习所需的关键知识。企业的知识学习需要通过员工的个体学习来实现，这一阶段需要安排与用户直接互动的企业去接触员工，并结合自身工作要求，从用户共享的知识中，选择性地学习对创新任务有用的、合适的知识。其次，企业获取的用户知识会通过传播共享、互动、对话和思考的方式扩散至内部员工。接着，通过员工之间不断的共享交流和相互启发，员工对特定创新任务所需知识的了解与认识也不断深入。在企业知识学习过程中，已编码的显性知识可以通过在线互动方式直接有选择地学习，而隐性知识则需要通过企业员工根据自身特定的理解，将其转变为与创新任务相关的概念、技术或需求知识，从而促进组织学习。另外，企业也可以通过开展员工培训活动、员工之间相互传授获得的技术和经验或邀请用户到公司参观交流等方式进行企业内部学习或企业与用户间的相互学习，进一步促进知识的消化吸收，形成企业新增的有用知识。

对于用户来说，在共享知识之后，用户也可以借助共创平台进一步进行知识学习，与企业员工不断沟通、交流与反馈，利用企业提供的机会和资源，筛选出自己接受能力范围内并认为有用的知识，并将其与自身需求和经验等知识相结合，进而形成用户自己的新知识。

三、知识组合阶段

企业与用户知识共创的第三阶段为知识组合的过程，也是从概念化到具体化的过程。在知识组合阶段，各种新旧知识将进行综合集成，形成新的知识体系。

一方面，伴随着知识学习后，企业获取的用户知识都比较零散，且可能存在大量冗余。在这个阶段，企业首先需要对知识进行筛选、评估和归类，删除其中相互冲突或者无用的部分，将这些筛选出来的外部信息转化为企业能理解的知识，并将零散的知识进行整合，与企业内部现存的知识相组合。其次，在这个过程中，企业继续与用户进行在线互动和沟通，根据不同用户的类型，将知识系统提炼，进行分类处理，形成企业初步可用的用户知识集合，如用户需求分析报告、用户说明等。最后，这些通过筛选的知识还需要结合创新需求概念，对所接收的信息进行提炼整合及转化。在企业的知识管理制度的规范下，企业将正式可用的知识在内部进行传播共享、扩散和启发，最终在开展具体的创新方案时，完成与企业原有知识的融合，组合内化成为有用且有效的企业知识，才能进入知识创造的下一环节。

另一方面，对于用户来说，用户的知识组合过程发生在用户群体内部，在这个阶段用户也需要将知识学习阶段的新增知识与自身原有知识相结合，并与其他用户进行交流、分享、碰撞和组合，形成用户角度的用户知识集合，为实现知识创造做准备。

四、知识创造阶段

企业与用户知识共创的最后一个阶段为知识创造的过程，此阶段是从新知识创造具体化到实现知识从量变到质变的过程，也是企业与用户知识共创最终能够实现的关键环节。

随着用户知识不断汇入企业知识集合，企业员工对特定创新任务的了解和认识也不断深入，企业的新旧知识不断碰撞。在知识创造阶段，企业员工仍需对知识组合阶段得到的知识集合进行评估筛选，进一步分析用户知识的有效性、合理性和创新性，企业内部各部门进行沟通交流，形成正式的用户知识集合。同时，企业要继续与用户在线互动和沟通，企业将不确定、不合理的用户需求等知识集合反馈给用户，反复沟通，追踪用户需求、偏好和行为等变化，争取最大限度地挖掘用户潜在知识，这样才能把用户知识运用到企业创新活动中。最终经过该阶段的工作，企业可以将这些新知识转化成具体的创新成果，打入用户市场，为企业带来创新收入。

同样地，在知识创造过程中，用户的新旧知识也随着企业的共享与互动，不断受到碰撞、思考和启发，用户对自身创新需求越来越明确，进而创造出创新且可行的需求。特别地，一些具备更多专业知识的领先用户，可能会付出更多额外的资源（如时间、金钱等）主动开展研究工作，为企业提供更专业的新的思路和建议。企业与用户在完成一轮知识创造活动时，创新成果还会以新的显性知识形式被企业与用户进行消化、吸收，升华成自身的隐性知识，开始新一轮的知识共享，推动新一轮的知识共创循环，确保共创平台的持续运行。

基于对企业与用户知识共创过程的具体分析，得到知识共创的过程机制模型如图 3.2 所示。实际上，知识共创的每个阶段并非独立，不同阶段之间存在反复迭代、互相融合的过程。企业与用户互动本身就是个持续不断的过程，不断地为知识共创过程注入新的知识，使得知识共创过程呈螺旋上升循环发展的动态过程。

本书接下来的章节将基于知识共创平台之一的虚拟品牌社群的视角，从新成员的知识获取机制、社群用户角色的演化过程、社群用户知识共享机制和知识共创的企业实践来详细介绍知识共创的理论与实践。

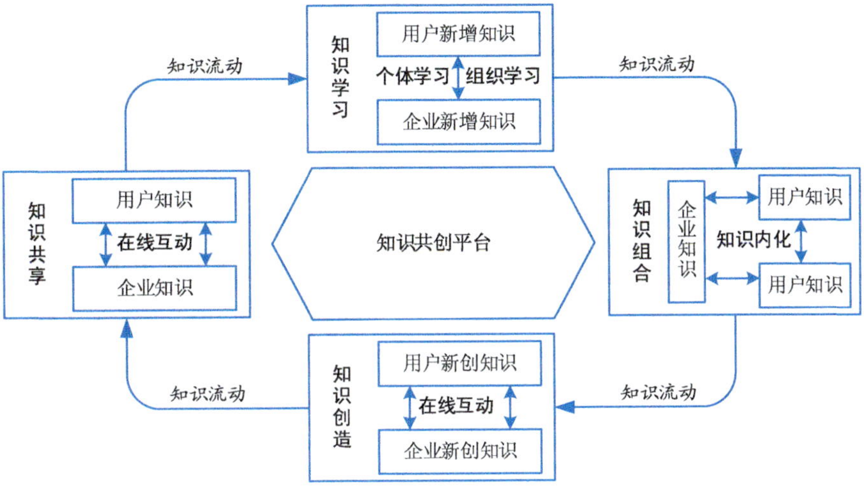

图 3.2　知识共创过程机制模型

第四章 虚拟品牌社群新成员知识获取机制

第一节　虚拟品牌社群用户特征演变分析

社群是由处于社群核心地位的专家和处于社群边沿的新成员所组成的特殊的社群群体，其中，专家是社群的起源，而新成员则以成为社群专家为目标。不同个体依专业水平的高低散落于社群的核心与边缘之间。社群中的个体通过学习来获取更多的专业知识，而品牌社群中的学习则是通过成员间直接或者间接交互实现。

社会学习理论认为，社群中成员的学习是通过社群参与和对实践经验的物化来实现。品牌社群成员的参与程度和不参与程度都会对成员获取社群知识产生影响。对于社群的新成员来说，不参与意味着成员蕴藏着巨大的学习潜能和求知欲望，这会激发成员参与社群的交互，这种情况称为边缘性参与；相反，对社群的老成员来说，不参与会导致成员的知识无法及时更新，无法保持在社群中的竞争力，老成员的专业水平将无法获得社群认可，最终会导致成员从社群中心逐渐走向边缘最后离开社群，这种情况被称为边缘化参与。Wenger（1998）根据社群成员参与和不参与的力量对比情况，将社群成员的参与行为分成以下四类：完全参与、边缘性参与、边缘化参与和完全不参与。如图 4.1 所示，边缘性参与能够促进新成员从社群的边缘地带走向中心地带，最终实现完全参与。

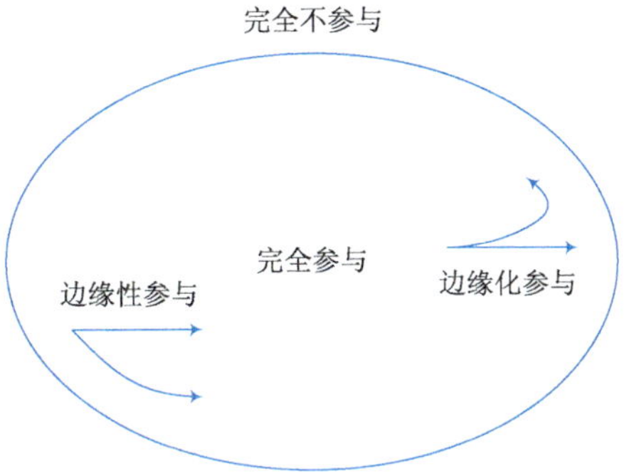

图 4.1　社群成员的四种参与模式

按照不同成员的社群参与程度的强弱，可以将社群成员划分成为核心组、积极组、外围组和外部人员，如图 4.2 所示。品牌社群中的新成员就是通过边缘性参与，逐步从外围走向核心，一步一步成长为一名称职的社群成员。

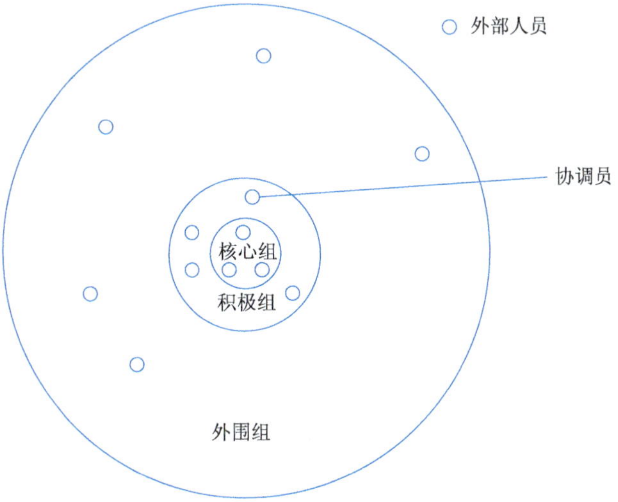

图 4.2　社群参与程度

虚拟品牌社群中用户还可以从参与创新的角色演变过程来分析。参与创新的过程实际上就是通过虚拟品牌社群与企业进行有关产品信息的知识互动。在产品创新的三个阶段，用户与企业的收益成本都具有差异性，双方互动的知识也各不相同。只有当利益大于成本时，用户和企业才会参与共同创新。我们可以将用户参与产品创新的过程看作是一个用户群体与企业之间不断交互的过程，如图 4.3 所示。 在每个阶段用户和企业都有参与和不参与知识互动两个选择。

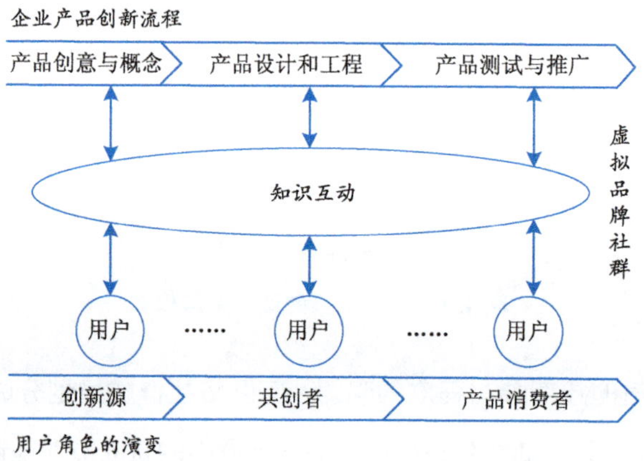

图 4.3 虚拟品牌社群用户参与产品创新过程的角色演化

（1）在产品创意与概念阶段，虚拟品牌社群中，参与产品创新的用户作为创新源与企业以产品的需求以及评估潜在新产品的想法等内容进行知识互动；在产品设计和工程阶段，虚拟品牌社群中，参与产品创新的用户作为共创者与企业关于产品研发技术建议和设计技能等内容进行知识互动；在产品测试与推广阶段，虚拟品牌社群中，参与产品创新的用户作为终端产品用户与企业关于产品的改进意见和推广进行知识互动。

（2）在产品创意与概念阶段，用户参与创新的预期收益包括额外知识收益和内在需要的满足，额外知识收益即用户通过与企业进行知识互动吸收到的企业知识并内化而产生的知识增值。 内在需要包括用户参与创新获得的成就感、学习机会、愉悦感（郑彤彤等，2014）。 用户投入的成本包括参与创新所投入的时间、精力和知识成本。 企业参与创新的预期收益来源于用户提供的需求以及产品想法等信息。 企业投入的成本包括虚拟品牌社群的建设以及维护，以及与用户互动和采纳用户意见所投入的时间精力成本。

（3）在产品设计和工程阶段，用户的身份从创新源演化为共创者，用户参与创新的预期收益和成本同产品创意与概念阶段一样。 企业参与创新的预期收益来源于用户提供的技术建议和相关技术问题的解决，可以理解为知识收益。企业预期投入的成本包括虚拟品牌社群的建设以及维护，以及与用户互动投入的时间精力成本。

（4）在产品测试与推广阶段，用户参与创新的预期收益包括获得的成就感、愉悦感以及产品推广后获得的体验以及知识收益。用户投入的成本包括测试产品原型和提出改进意见所投入的时间精力成本。企业参与创新所获得的收益包括产品上市所带来的经济社会收益和知识收益。企业的预期成本包括虚拟品牌社群的维护所花的费用和与用户进行知识互动所花的时间和精力成本。

第二节　虚拟品牌社群新成员知识获取影响因素

虚拟品牌社群的新成员只有通过不断的知识获取，才能逐渐成长为称职的成员，进而有可能成为领先用户，与企业进行有效互动与创新。Pacharapha 和 Ractham（2012）运用感知知识价值理论对虚拟品牌社群中的个人知识获取影响因素进行了探究，并分别对社群专家和社群新成员的知识获取行为进行了研究。研究结果显示，感知知识的比较优势对社群新成员的知识获取行为影响显著，而对社群专家却并不显著；相反，感知知识的兼容性和与知识源的共享认知对社群专家的知识获取行为影响显著，对社群新成员的影响却不明显；虚拟品牌社群中社群成员的知识占有程度是知识获取行为的调节变量。

Liao 和 Chou（2012）从社会技术的观点出发，综合运用社会资本理论和技术接受理论，分别从社会性和易用性两个角度对虚拟社群中不同参与意愿成员的知识接受行为进行了研究。他们在对台湾地区的论坛成员调查研究后发现，积极发帖回帖的社群成员与社群中的“潜水者”的知识接受影响因素有着很大的区别。前者受到社会信任感和共享语言的影响更显著，而后者的知识接受意愿则与网络联系强度、互惠规范、共同愿景和感知有用性有着显著的联系。

Guechtouli 等（2013）在对品牌社群中知识转移过程研究时，将社群成员划分成为专家和新成员，并对这两类成员在两种不同沟通模式（直接沟通和借助网络论坛沟通）下的知识转移效果进行比较研究。研究结果显示，在直接沟通情境下社群专家的可用性有限，专家对于问题的解答能力很难满足大量新成员的要求；而在网络论坛情境下，可以通过提升新成员的访问权限，使得社群专家的可得性得到提升，新成员可以以论坛为媒介间接获得专家的知识。该研究表明，在虚拟品牌社群中社群的虚拟特性对于个人的知识获取有着一定程度的影响。

国内直接以虚拟品牌社群个人知识获取为题进行研究的还比较少，大部分的相关研究都是以社群成员知识学习为研究对象。

国内外虚拟品牌社群中个人知识获取的相关研究在知识获取的过程阐释、影响因素提炼和激励措施建议等方面做出了贡献，但以下几个方面还存在着进一步深入研究的必要：

（1）社群虚拟性。Pacharapha 和 Ractham（2012）的研究结论是建立在对虚拟品牌社群中成员的调研之上，但是他们的研究却没有将品牌社群的虚拟性纳入研究考虑之中。品牌社群的虚拟特性对个人的知识获取会产生影响。根据社会临场感理论的观点，在虚拟情境下技术媒介的运用会增强人们的社会临场感，进而对人们的沟通交互行为产生促进作用。品牌社群中知识获取作为知识传递方与知识接收方知识交互行为产生的结果，社群虚拟特性势必会对个人的知识获取行为产生影响。

（2）不同类型成员的个人特性。不同的社群成员类型会对成员的知识获取产生不同的影响。在虚拟品牌社群中，专家和新成员的知识获取也是不同的。研究不同类型成员的个人特性对于研究社群成员的知识获取行为是十分必要的。

Rowold（2007）在对德国呼叫中心的培训人员调查研究时发现，受训人员的个人特性与其知识获取的态度和行为密切相关。研究结果显示，受教育水平和对培训期望都比较高的受训人员获得了最高的知识得分，其次是拥有较高受教育水平和较低培训期望的员工，然后是受教育水平和对培训期望都比较低的受训者，知识得分最低的是虽然对培训有着较高的期待，但是自身受教育水平却较低的受训者。从结果不难看出，尽管不同个体对培训的期望高低程度不同，但受教育水平较高的个体总能够取得相对较好的知识获取绩效。这说明个人的专业知识水平对于其知识获取行为的影响很大，因此十分有必要帮助专业水平相对较低的虚拟品牌社群新成员提升自身的专业知识水平。

（3）社群环境因素。Guechtouli 等（2013）的研究兼顾了社群的虚拟性和成员类型的划分，认为在虚拟技术媒介的辅助下，社群的知识就成为了公共物品，便于新成员获取知识。这一结论是建立在以下两条假设之上的：社群支持鼓励新成员获取知识和社群中的专家具有较高的知识分享意愿。这两条假设是对社群影响因素进行了控制。只有品牌社群的管理者为新成员获取专家知识创造条件，社群中的虚拟媒介才能发挥其传递知识的作用。因此社群能否进行有效的知识整合，形成社群的知识库存，设立合理的互惠规范，对能否降低新成员知识获取的难度有着至关重要的意义。在增强专家知识的可得性方面还需从专家的知识分享意愿入手，专家自身与其他专家的知识交流以及专家在社群中实力的展现是专家分享动机的重要影响因素。

综上所述，虚拟品牌社群中的新成员知识获取研究有必要综合考虑社群的虚拟性、不同成员的个人特性以及社群环境因素。因此，在本书中将虚拟品牌社群中新成员知识获取的影响因素分为个人因素、社群因素和交互因素。

一、个人因素

1. 知识水平

Rowold（2007）认为知识接收方的初始知识水平会影响到个人的知识获取。根据创新传播理论，个体对创新成果的接受和运用会受制于其经验的多少。只有当个体感知到知识传播者提供的知识是自己所不具备的，在该领域与知识的传播者存在知识势能差，产生感知比较优势，个体才会感知到知识的价值，产生获取知识的意愿。但知识的供需双方的知识势能差也不能过大，否则重叠知识太少，个体获取新知识缺少良好的知识基础，会耗费知识接收者大量的精力和时间。新成员的知识获取的意愿和成本会受到其自身知识水平的影响，因此在研究知识获取影响因素时有必要考虑个体知识水平对获取行为的影响。

2. 感知知识内容价值

感知知识内容价值作为知识转移、知识共享和知识消费影响因素受到许多学者的关注。Pacharapha 和 Ractham（2012）认为感知知识内容价值有三个维度，包括感知知识比较优势（perceived relative advantage of knowledge）、感知知识兼容性（perceived compatibility of knowledge）和感知知识使用形象获取（perceived image gain of knowing or using knowledge），其中感知知识比较优势和感知知识使用形象获取对社群中的新成员的知识获取行为具有促进作用，感知知识兼容性对社群中的专家的知识获取行为具有促进作用。当知识能够为社群成员提供新的洞察力或技能来更有效地完成任务时，它将被感知具有相对优势。当社群成员意识到知识与自我认知相比具有相对优势时，成员倾向于将自己的认知结构转变为符合新知识的新洞察。若这些新知识可以帮助个人更有效地完成任务，社群成员将更愿意使用新知识。一个组织越重视某些知识，了解或使用这些知识的组织成员就会有更好的形象。因此，在个人必须与他人竞争的工作场所，就会重视这种知识。获得的知识可以为社群成员获得身份认同。这些知识会为社群成员提升社群形象带来帮助，因此社群成员更愿意去获取或使用这些知识。社群成员认为哪些知识最有价值，掌握相应知识的社群成员就会拥有相对高的社群地位。

3. 感知知识源价值

Pacharapha和Ractham（2012）认为感知知识源价值包含对知识源能力的信任（competence trustworthiness of a knowledge source）、对知识源的心理安全感（psychological safety with a knowledge source）和对知识源的共享认知（shared cognition with a knowledge source）三个维度，其中对知识源能力信任对新成员的知识获取行为有促进作用，对知识源的心理安全感和对知识源的共享认知对专家的知识获取行为有促进作用。对知识源能力的信任可以用以下一些指标进行衡量：知识源在知识领域的良好记录、知识源是否来自受人尊敬的公司和知识源是否有相关领域的良好教育等。

二、社群因素

影响虚拟品牌社群新成员知识获取的社群因素主要有以下两个方面：社群的互惠氛围和公平氛围。

1. 互惠氛围

一些社群成员分享知识是出于互惠方面考虑，在自己分享知识的同时也期望从他人身上获取知识。互惠就是社群成员相信其他社群成员也会分享知识。互惠感强的社群成员也会更倾向于向他人分享知识，也更愿意在网上“自爆”。社群成员的互惠感会提升成员的分享意愿，社群成员也因此可以获取更多的知识。社群的互惠氛围可以提高知识源的分享意愿。社群成员从其他成员获得知识后，就很容易感受到传递知识时知识源的价值。

2. 公平氛围

公平是指成员感知到社群氛围是公正的，而非善变的。如果社群成员认为社群氛围是公平的、互惠的和友好的，社群成员也更愿意分享知识。社群中社群氛围越是公平，社群成员之间的交流沟通也更加顺畅，社群成员相互之间也可以建立起信任。同时社群的公平也会提高社群成员对社群活动的参与程度，为社群的知识转移和分享带来动力。

三、交互因素

互联网和信息技术的飞速发展改变了传统的人际交互模式，为虚拟品牌社群的发展提供了条件，社群成员借助信息技术能够更好地实现知识的创造、精炼、分享和运用。许多学者的研究发现品牌社群的虚拟特性会对品牌社群中成员的交互和学习产生影响。虚拟社群中成员用来交流和学习的技术多种多样，按照这些技术提供的交互方式是否同步，可以将其分为异步交互和同步交互。

1. 异步交互

异步交互方式可以打破线下交互方式的即时性要求，交互双方无须在同一时间点上进行信息的交互，其中最为熟知的就是论坛和博客。Guechtouli 等（2013）比较了同步交互和异步交互两种交互模式后发现，异步交互能够有效提高社群专家的可得性和利用率，避免在同步交互方式下产生的“挤队现象”（即所有成员都向一位专家去提问），有利于提升知识转移的效率。异步交互技术是虚拟品牌社群知识共享成功的关键因素。除了论坛，网上聊天室和电子邮件也能够实现社群成员的异步通信。

2. 同步交互

运用同步交互方式实现企业中员工的信息共享和日常管理已经成为一个普遍现象，这一切要归功于即时通信软件的普及。借助即时通信软件实现同步交互辅助虚拟品牌社群学习已经受到广泛的关注。同步交互方式可以消除社群成员的地理分割，增强了社群成员间的“可见性”，增强成员的临场感，提高了知识获取的效率。即时通信软件实时性对很多专业领域的品牌社群中的知识获取行为有着促进作用。教学领域目前主要研究集中于对语言教学具有较高实时性要求的课程。网络配音、IT 技术等领域的虚拟品牌社群也都运用即时通信软件辅助社群知识学习。

综合来看，影响虚拟品牌社群中新成员获取知识的因素主要有三类：个体因素方面包括成员的感知知识比较优势、感知形象获取和感知知识源价值；社群因素方面包括社群的互惠氛围和公平氛围；技术因素方面是社群成员交互方式，包含异步交互和同步交互两类。

第三节　虚拟品牌社群新成员知识获取过程

本节将运用文献研究、直接参与观察的方法构建虚拟品牌社群新成员知识获取过程模型。 首先，通过对国内外品牌社群和知识转移过程相关理论进行总结和梳理，明确定义虚拟品牌社群中不同知识水平下成员的身份，提炼出新成员获取知识所需要经历的各个阶段，并对成员身份的转变和知识的获取进行了阐述。

一、相关概念界定

1. 专业知识水平

专业知识水平是指能够得到虚拟品牌社群认可的能力、专长和知识，有新成员、高级初学者和称职成员三个水平层次，每个层次的具体描述见表 4.1。

表 4.1　虚拟品牌社群成员专业知识水平

水平层次	维　　度
新成员	• 刚获得合法身份； • 掌握陈述性知识，按照规范性规则来做事； • 刚开始学习显性知识； • 无实践经验
高级初学者	• 完成显性知识获取； • 尝试将知识运用于其他情境； • 尝试进行显性知识内化； • 尚未将所学知识应用于新情境
称职成员	• 完成隐性知识获取； • 能识别不同情境的区别； • 尝试将隐性知识外化； • 尝试进行知识创新

2. 知识获取过程

知识获取过程是指虚拟品牌社群中成员通过参与社群中的交互活动而获取所需要的知识的过程，分为结构化转移和非结构化复制两个过程，每个过程的详细描述见表 4.2。

表 4.2　虚拟品牌社群知识获取过程

获取过程	维　度
结构化转移	• 搜索：识别问题和所需要的知识； • 学习：成员参与获取知识所必需的一切活动； • 实践：开始运用所获取的知识； • 掌握：运用获取的知识达到满意的结果
非结构化复制	• 根据目标和情境有选择地复制知识； • 复制对象既包含显性知识也包含隐性知识； • 实现显性知识内化过程； • 运用内化所得的隐性知识

3. 交互类型

交互类型是指虚拟品牌社群成员选择的交互的技术媒介，按照时间上是否同步，可以分为同步交互和异步交互，这两种交互类型的定义和实例见表 4.3。

表 4.3　虚拟品牌社群成员交互类型

交互类型	定　义
同步交互	交互的主体需要同时在线的一种交互方式
异步交互	交互主体可以突破时间的限制，无须同时在线也可进行的交互方式

4. 边缘性参与

边缘性参与是指当成员处于社群边缘时，成员会积极和他人交互提升自己的总体参与性，以便提升自己在社群中的地位。边缘性参与是参与程度和不参与程度的合力，决定总体参与性的增速。按照参与程度和不参与程度的力量变化关系，边缘性参与可以分为两个阶段：第一阶段社群新成员对社群的未知会是他学习成长的潜能，因此参与程度和不参与程度形成合力，此时边缘性参与就很强；第二阶段中随着学习潜能被挖掘，成员要想保持社群中的专业地位，即必须不断学习进步，此时不参与程度会成为边缘性参与的阻力。两阶段的具体描述如图 4.4 和表 4.4 所示。在从新成员向称职成员演化的过程中，成员越处于社群的边缘，总体参与性越低，边缘性参与就越强。

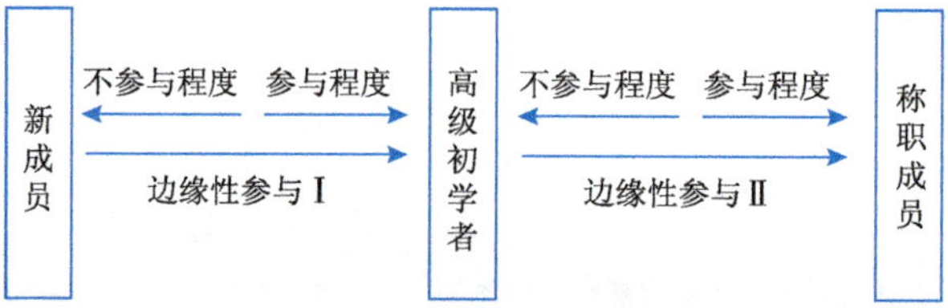

图 4.4　边缘性参与的两阶段过程

表 4.4　边缘性参与过程

过　程	身份转变	维　度
边缘性参与Ⅰ	新成员→ 高级初学者	• 参与和不参与会形成合力； • 总体参与性低； • 总体参与性的增速快
边缘性参与Ⅱ	高级初学者→ 称职成员	• 不参与成为参与的阻力，参与大于不参与； • 总体参与性较高； • 总体参与性的增速慢

二、虚拟品牌社群新成员知识获取过程分析

根据前面的分析和相关研究，本书将不同知识水平下知识转移过程模型、虚拟品牌社群交互类型和品牌社群中成员参与理论等相关研究进行融合，构建图 4.5 所示的虚拟品牌社群新成员知识获取过程模型。

如图 4.5 所示，新成员在掌握了社群内的陈述性知识和基本的社群规则（安装相关软件、阅读版规等）之后就可以开始获取社群的知识。新成员获取知识的过程可以用其身份转变的过程进行描述，不同的身份又可以分别从专业水平和参与程度两个视角进行定义，因此新成员专业水平和社群参与程度不断提升的过程共同促成了知识获取的过程。本书将通过对专业知识水平和社群参与程度两个知识获取子过程的描述，来阐释新成员转变为高级初学者，最后成为称职成员的知识获取过程。

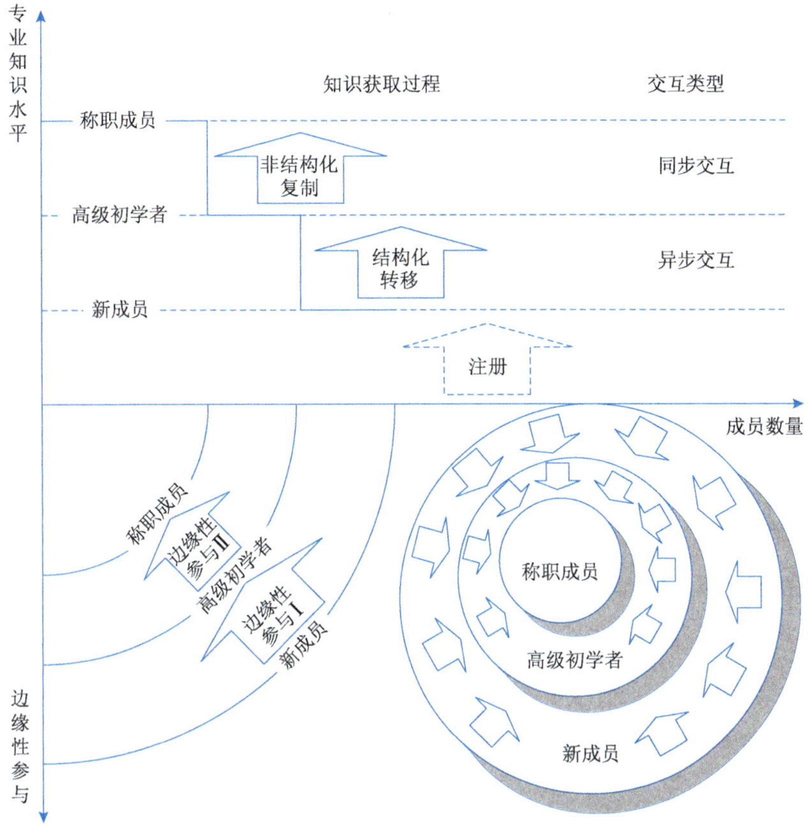

图 4.5　虚拟品牌社群新成员知识获取过程模型

1. 从新成员到高级初学者

在专业知识水平提升方面，新成员主要经历了知识的结构化转移过程。根据所需要解决的问题在社群内搜寻相关的知识。通过阅读社群中分享的教程，寻访领域内的专家，发帖向其他有经验的社群成员求助等途径，新成员可以搜索到有助于解决问题所需要的知识，并且对这些知识进行学习。新成员经过自主学习或者在其他成员的帮助下，可以对问题进行解决。最后通过测试检验是否存在错误。修复出现的错误后，知识获取的结构化转移过程就此结束。

在社群参与提升方面，新成员主要经历的是边缘性参与Ⅰ阶段。新成员处于社群的边缘，社群中的未知领域对于新成员来说具有较大的吸引力，参与程度比较高，新成员会主动积极地参与到社群内的交互中；另一方面，新成员的不参与程度是社群内最高的，新成员的知识水平、技术能力和观念都是未经雕琢的，较高的不参与程度就成为一种学习潜能，成为促进边缘性参与的动力之一。由于参与程度和不参与程度都成为了边缘性参与的促进因素，所以这阶段的新成员虽然处于社群的边缘，总体参与性较低，但是会以较快的速度融入社群中。

新成员掌握了社群认可的专业知识并达到一定的总体参与性，身份转变为高级初学者。这一阶段较多采用的是异步交互方式，原因在于新成员获取的知识的显性化程度较高，比较容易掌握。异步交互方式可以实现一对多的知识转移，既有利于提升知识在新成员中传播速度，又不会占用其他社群成员过多的时间。

2. 从高级初学者到称职成员

在专业知识水平提升方面，高级初学者主要经历了知识的非结构化复制过程。高级初学者需要将在上一阶段所获取的知识应用于新的情境中（制作新的模型）。根据新情境的需要，高级初学者有选择地运用获取的知识（显性知识），并在实践中不断摸索窍门和技巧，获得心得（隐性知识），最终实现了不同情境下知识的灵活运用。

在社群参与提升方面，高级初学者主要经历的是边缘性参与Ⅱ阶段。高级初学者还是处于社群中相对较边缘的地位，成为一名称职成员是其积极参与的动力所在，还是会有足够动力参与到社群中的交互；另一方面，高级初学者经过前一阶段的学习，已经具有一定的专业知识水平了，如果不继续积极参与社群交互，深入学习获取新知识，当社群认可的能力值大于成员能力值时，高级初学者便不再被社群所认可，甚至可能会被社群遗弃。此时的不参与程度就不再是成员总体参与性的动力，而是阻力，会制约高级初学者的成长。高级初学者相比新成员更靠近社群的中心，总体参与性更高。但是这阶段的成员面临着不进则退的压力，原因是不参与程度成为边缘性参与的阻力，边缘性参与变弱，但由于参与程度始终还是大于不参与程度，总体参与性还是会增加，但是增速有所放缓。

高级初学者掌握了社群认可的专业知识并达到一定的总体参与性，身份转变为称职成员。这一阶段高级初学者开始进行显性知识的内化，获取大量的隐性知识，较多采用的是同步交互方式，原因在于这个阶段的知识隐性程度较高，获取难度相对较大。同步交互的方式可以提升学习的社会临场感，及时解决高级初学者遇到的困难，提高显性知识内化的速度。

第四节　虚拟品牌社群新成员知识获取激励措施

根据前面的研究，虚拟品牌社群中新成员获取知识的交互方式是重要的调节变量，在激励新成员获取知识时，应当充分考虑到交互方式的不同。

一、提升社群氛围

当社群成员的知识获取方式不同时，应采取不同的策略提升社群氛围。在同步交互为主的社群中，社群的管理者应当将精力放在提升社群互惠氛围上。这时社群的管理者应当更倾向于成为社群的协调者和中介，为新成员引荐社群内优秀的成员，帮助新成员寻求可以解答难题的成员，帮助成员之间建立起良好的关系。在异步交互为主的社群中，社群的管理者应当将自身定位为社群公平制度制定者和执法者。运用公平合理的奖励制度，激励社群成员积极分享知识，新成员就能够获取更多的知识。

二、对不同交互方式的新成员采取不同的策略

当面对不同交互方式下的新成员，社群的管理者应当采取相对应的措施。在同步交互方式下，新成员获取知识的动机是以问题为导向的，因此社群的管理员应当对于社群中的称职成员和专家的知识领域和专长进行整理，比如通过备注或者标签的形式标注每名成员的专长，以便对新成员提出的问题可以有相关领域的专家对症下药。在异步交互方式下，不仅要在社群中建立知识地图和搜索工具，为满足新成员的非问题导向的知识获取动机，还可以为部分分享意愿强烈的专家或者成员设立专区，建立索引，方便新成员搜索该知识源的知识。

社群成员决策获取哪种知识主要依据对知识内容价值的判断，包括知识的比较优势和知识对社群形象的提升作用，其中前者对知识获取的决策具有决定性的作用。社群的管理者在对社群内知识进行管理的时候应当注意：首先，是对知识分类管理；其次，及时提醒社群成员知识的更新。

第五章 虚拟品牌社群用户角色演化

第一节　虚拟品牌社群用户参与知识贡献角色变化路径分析

虚拟品牌社群作为知识分享交流的主要场所，在非正式交流活动中具有很高的优先选择性，我们发现虚拟品牌社群的良好发展与用户的参与互动密切相关。实际上，虚拟品牌社群的大部分用户都是初始参与者或“潜水者”。

虚拟品牌社群的持续发展离不开用户的参与互动，用户从初始参与者逐渐发展为持续参与者的发展内因对虚拟品牌社群的发展有很重要的影响，因此熟悉虚拟品牌社群内部用户的参与规律，有助于社区管理人员了解虚拟品牌社群的运行情况，为虚拟品牌社群平台在用户管理上提供了新思路。同时，平台的激励政策和组织支持对虚拟品牌社群发展也至关重要，更多情况下社区并不了解如何采用恰当的激励措施和支持方式。平台管理者可针对停留在不同阶段的用户，采用适时激励机制和差异化激励方法，推动用户更有效地获取知识或贡献知识，提高虚拟品牌社群知识共创质量，为企业决策提供了更高效的建议。另外，平台管理者需要注重虚拟品牌社群的发展特点，营造开放、和谐的社区文化氛围，推动虚拟品牌社群的持续发展。

用户作为社群内核心组成部分，是社群持续创造性发展的重中之重，用户的参与和退出直接影响着社群知识的增长与流失。以用户角色为主体，剖析社群中的知识传播运动显得尤为必要。其中社群的知识贡献者承担了社区持续发展的主要重任，也是知识分享活动最活跃的群体，参与行为包括向专业社区内部分享自己已储备的知识、参与社区知识创造与扩散等。在知识贡献者参与社区期间，与知识吸收者之间通过分享、交流知识促成知识贡献的行为过程也相当于传播知识的过程，换言之，知识贡献者就是知识的传播者。因此，促进知识贡献和知识传播的本质是探究用户角色转化机理，及时观察用户角色的变化趋势，有助于管理者通过调节外在变量来促进知识贡献者数量至少保持稳定。

知识通过活跃的传播者传播给更多的社区成员，有助于社区内成员知识水平的提高及虚拟社区内知识存量的增多，用户传播知识的过程也是知识贡献的过程。知识接收者的数量在虚拟品牌社群中占有很大比重，是整个虚拟品牌社群持续发展的基础，虚拟品牌社群用户参与知识贡献意愿越强，虚拟社区持续发展的可能性就越大，因此从庞大的潜在用户角度出发，重点分析影响潜在用户知识贡献行为的因素是保证社区活跃度的关键。首先，将知识接收者群体细分为浏览者和提问者两种角色，分别考虑不同参与出发点的用户参与知识贡献的激励机制，从另一个层面来说，用户对自我在社区中扮演的角色越清晰，知识贡献的行为可能性越大。其次，个人特征和社区环境两方面是分析促进用户积极贡献知识的研究重点，结合其他学者研究结论，可以将个人特征归纳为自我效能、结果期望等，社区环境归纳为平台满意度、知识传播率两个因素。

用户的知识贡献行为受内部和外部动机的影响，在个人因素方面，浏览者之间的个体差异不同，自我效能高的浏览者，认为自己有能力或有较高的知识储备为社区贡献自己的知识，对自己所拥有的知识充分信任，因此会在短时间内成为知识传播者的角色；而自我效能低的浏览者则会认为自己所吸取的知识远远没有达到心理预期，会继续向知识传播者发出提问，因而转变为提问者。其次，知识接收者的结果期望也会影响用户角色的改变，提问者向知识传播者发出的提问，往往更具有针对性，能很直观地反映出提问者较高的期望收益，同时，浏览者认为贡献知识后，能够收获更好的解决方案、地位、认可、友好关系等，便会更好地激励他贡献知识，成为贡献者，因此这种类型的用户被认为结果期望值较高。反观另一部分浏览者，自己所需获取的知识不是很明确，又没有通过尝试向社区贡献后获得很多收益，只有在广泛的浏览之后，才能收获自己所找寻的知识，因此被认为结果期望值较低。

在环境因素方面，感受到不同平台满意度的浏览者接下来的发展意向会有不同，对社区平台满意度较高的知识接收者，会承担起社区知识贡献的责任，积极地分享自己的知识。相反，满意度较低的浏览者，认为平台的支持以及与平台互动后得到的满足程度还不够，包括获取技术服务、功能设计、界面设计、内容质量、用户关系、响应速度、平台激励等，对社区没有很强的归属感，很难成为知识传播者的角色向社区成员贡献知识，因此先变成知识提问者，继续获取知识，等达到自己满意度期望后，再转变为社区的知识贡献者。知识接收者与知识传播者之间的知识传播率也会直接影响其转变为知识贡献者的概率。

第二节　虚拟品牌社群用户参与知识贡献角色演化概念模型

以引导并促进更多知识接收者愿意为社群贡献自己的知识为出发点，可以设计出适用于能够激励不同类知识接收者知识贡献的逻辑模型，如图 5.1 所示。

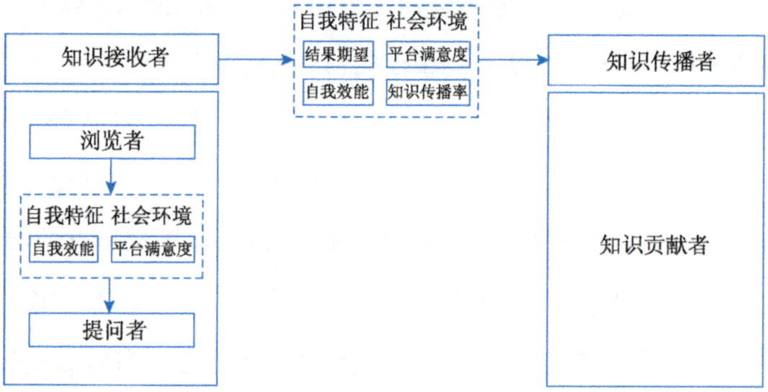

图 5.1　用户参与知识贡献角色演化概念模型图

（1）转为知识提问者的浏览者受到自我效能和平台满意度的共同影响。

（2）转为知识贡献者的浏览者受到期望收益、自我效能、平台满意度、知识传播率的共同影响。

一、模型假设

在对虚拟社群发展走势以单位时间内知识贡献者的增量为标准的特点与由在单位时间内传播者的增量来决定传播是否成功相比较分析的基础上，结合促进知识贡献的基本特征，本书的假设如下：

假设 1：假定在知识传播期内社群内人数保持 N 不变，将系统中的用户个体分为 4 类（即四个“仓室”）：①R_1 表示在参与初期往往有大部分带着问题向平台求助的态度加入进来的浏览者；②R_2 表示对社群有兴趣，想获取更多与自身需求吻合知识的知识提问者；③C 表示已有更高知识水平，且有知识分享、创造的知识贡献者，即知识传播源；④F 表示对社群的兴趣度降低，不再继续参与虚拟社群的退出人员，即疲劳者。于是 $N=R_1+R_2+C+F$。

假设 2：当一个浏览者或查阅者遇到知识贡献者并进行交流获得知识变为提问者的概率为 p_1，若想要贡献知识也就是成为知识贡献者的概率为 p_2。

假设 3：当一个提问者遇到知识回答者，即知识贡献者后，变为知识贡献者的概率为 p_3。

假设 4：知识传播者随着时间的推移分别以 p_4 的概率对参与社群失去兴趣不再继续向社群贡献知识，进而变成疲劳者。

假设 5：浏览者的结果期望为 α_1，提问者的结果期望为 α_2；θ_1 表示变为提问者的浏览者的自我效能，θ_2 表示变为知识贡献者的知识接收者的自我效能；λ_1 表示变为提问者的浏览者的平台满意度，λ_2 表示变为知识贡献者的知识接收者的平台满意度；γ_1 表示知识传播者向浏览者传播知识的知识传播率，γ_2 表示知识传播者向提问者传播知识的知识传播率；σ 表示知识贡献者的遗忘率。

假设 6：在虚拟品牌社群内浏览者的占比为 g_1，提问者的占比为 g_2；d 表示知识接收者的进入速率；q 表示虚拟社群成员退出系统的速率。

二、模型构建与方程建立

根据以上假设，虚拟品牌社群参与者角色流向图如图 5.2 所示。

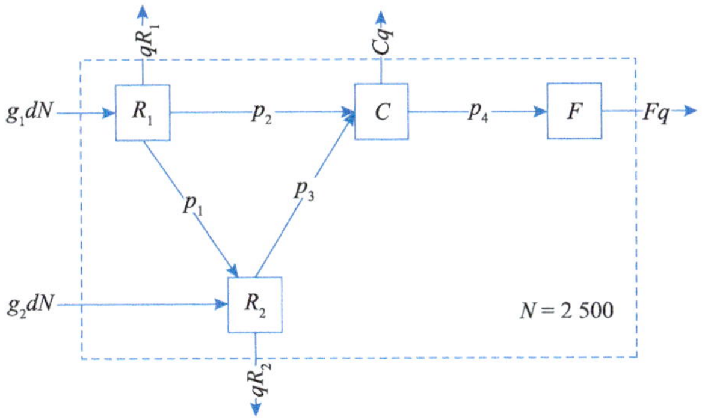

图 5.2　虚拟品牌社群参与者角色流向图

下一步，根据虚拟品牌社群基于知识传播规则的用户角色转化过程，建立 R_1 - R_2 - C - F 模型：

$$\begin{cases}\dfrac{\mathrm{d}R_1}{\mathrm{d}t}=g_1dN-p_1R_1-p_2R_1-R_1q\\ \dfrac{\mathrm{d}R_2}{\mathrm{d}t}=g_2dN+p_1R_1-p_3R_2-R_2q\\ \dfrac{\mathrm{d}C}{\mathrm{d}t}=p_2R_1+p_3R_2-p_4C-Cq\\ \dfrac{\mathrm{d}F}{\mathrm{d}t}=p_4C-Fq\end{cases} \tag{5.1}$$

其中：$p_1=\theta_1\lambda_1$，$p_2=\alpha_1\theta_2\lambda_2\gamma_1$，$p_3=\alpha_2\theta_2\lambda_2\gamma_2$，$p_4=\sigma$；且 $\alpha_1<\alpha_2$，$\theta_1<\theta_2$，$\lambda_1<\lambda_2$，$\gamma_1<\gamma_2$。

三、用户角色发生演化临界点分析

虚拟品牌社群用户角色的演化实质上是由知识传播促发的。若知识贡献者向外输出的知识成功被知识接收者所接收，那这种双向进行的活动就可称为知识传播。知识传播的发生与虚拟品牌社群内知识接收者对知识的需求与知识贡献者的知识分享行为密切相关。但可以说虚拟品牌社群内没有永远的知识贡献者和知识接收者，大部分用户都在不同情况下扮演不一样的角色，甚至这种角色会随着频繁的知识传播活动出现递进的变化。因此，我们这里说的知识接收者的状态也只有达到一定的临界值，角色才会发生转变，同时不可否认的是，知识传播是用户角色演化的必要条件。本书认为虚拟品牌社群内用户角色的演化会有一个临界值的存在，且认为用户角色演化的临界值即为虚拟品牌社群知识传播的临界值。

在传染病模型中，常用基本再生数（R_0）作为疫情传播的临界值，也用来衡量传染病的传播能力。通俗来讲，基本再生数是指一个患病者从患病开始到结束这段时期内，因疾病传播所感染人数的均值，$R_0>1$ 表示传染病系统内不断有新的疾病人群产生，此时传染者通过与无病者的接触、互动，使得更多健康人群演化为传染病人群。根据知识传播特征的相似性，很多学者认为在知识管理中，基本再生数（R_0）的含义为在知识传播系统中一个知识贡献者 C 在一定时期内通过分享知识来影响浏

览者 R_1 或提问者 R_2 转变为知识贡献者的数量。同样，R_0 作为虚拟社群知识贡献的临界阈值，当 $R_0<1$ 时，虚拟社区知识贡献人数逐渐消失（$C=0$），虚拟品牌社群进入无知识贡献均衡状态 E_0，不会发生角色转变；当 $R_0>1$ 时，虚拟品牌社群知识贡献人数较多（$C\neq0$），说明此时知识传播系统处于良好的知识扩散状态，不断有新的知识贡献者生成，在用户互动的过程中会发生角色转化。以下，是利用微分方程组求得用户角色演化活动发生的临界阈值 R_0 的详细过程。

由于本书主要研究知识接收者和知识传播者之间的知识传播及角色转变状况，于是从模型（5.1）中剔除第四个微分方程，并为求得平衡状态，令微分方程组右边均为零，将模型（5.1）进一步改造为模型（5.2）。

$$\begin{cases} g_1 dN - p_1 R_1 - p_2 R_1 - R_1 q = 0 \\ g_2 dN + p_1 R_1 - p_3 R_2 - R_2 q = 0 \\ p_2 R_1 + p_3 R_2 - p_4 C - Cq = 0 \end{cases} \tag{5.2}$$

为求知识传播再生数 R_0，可以通过考查无知识传播均衡状态的稳定性得到 R_0。令 $C=0$，由模型（5.2）可知，无知识传播的平衡点为 $E_0\left(\dfrac{g_1 dN}{\theta_1\lambda_1+q}, \dfrac{g_2 dN+\dfrac{\theta_1\lambda_1 g_1 dN}{\theta_1\lambda_1+q}}{q}, 0, 0\right)$。

又根据 Friedman 能够用均衡点雅克比矩阵判断局部稳定性的方法，均衡点的局部稳定性可由与雅可比行列式的特征值分析得到。因此将模型（5.2）展开，得出在无知识传播均衡点 E_0 的雅克比矩阵为

$$\mathbf{A}=\begin{pmatrix} -\theta_1\lambda_1-q & 0 & -\dfrac{\alpha_1\theta_2\lambda_2\gamma_1}{N}R_1 \\ \theta_1\lambda_1 & -q & -\dfrac{\alpha_2\theta_2\lambda_2\gamma_2}{N}R_2 \\ 0 & 0 & \dfrac{\alpha_1\theta_2\lambda_2\gamma_1}{N}R_1+\dfrac{\alpha_2\theta_2\lambda_2\gamma_2}{N}R_2-\sigma-q \end{pmatrix} \tag{5.3}$$

由此可知用户角色转化系统的知识传播阈值可通过雅克比矩阵的特征值 λ 求得，

若系统稳定点得到的 $\lambda(\mathbf{A})<0$，则该均衡点是系统的稳定点。

矩阵 $\mathbf{A}$ 的特征值分别为$\lambda_1=-\alpha_1\theta_1\lambda_1\gamma_1-q$，$\lambda_2=-q$，$\lambda_3=\frac{\alpha_1\theta_2\lambda_2\gamma_1}{N}R_1+\frac{\alpha_2\theta_2\lambda_2\gamma_2}{N}R_2-\sigma-q$，又显然$\lambda_1<0$，$\lambda_2<0$，所以可知系统的知识传播阈值：

$$R_0=\frac{\frac{\alpha_1\theta_2\lambda_2\gamma_1 g_1 d}{\theta_1\lambda_1+q}+\frac{\alpha_2\theta_2\lambda_2\gamma_2\left(g_2 d+\frac{\theta_1\lambda_1 g_1 d}{\theta_1\lambda_1+q}\right)}{q}}{\sigma+q}$$

本节首先详细地对用户角色的演化路径进行了分析及假设。其次将每个用户都看作一个节点，运用知识传播规律构建微分方程，用数学思维推导用户的流动情况。最后对方程进行求解，以基本再生数为标志，确定了用户状态发生改变的均衡状态，即求出用户角色演化阈值 R_0。

第三节　虚拟品牌社群用户角色演化仿真与分析

根据知识传播微分动力学方程所刻画的内容，可以将虚拟品牌社群内用户角色演化过程，用系统动力学模型表示出来，包括知识浏览者在影响因素的作用下向知识提问者或知识贡献者的流动导向、知识提问者向知识贡献者的流动以及知识贡献者长期沉浸于虚拟品牌社群输送知识后向知识疲劳者的转变。首先将微分方程组（5.1）中的变量用系统动力学的语言表示，以使系统动力学模型可以理解所设定的变量。其次，用系统动力学流量图的结构形式表达出不同用户角色的转化流向，以使系统动力学流量图精准刻画虚拟品牌社群用户角色演化过程。

一、变量描述

在以系统动力学流量图的方式呈现的视角下，整个虚拟品牌社群系统内角色的演化流程及细节如图 5.3 所示。同时利用 VESIME PLE 8.0 软件，仿真模拟各因素如何影响传播知识的知识贡献者数量以及系统用户角色的转变过程。其中，虚拟品牌社群用户角色演化的系统动力学模型的各变量的含义见表 5.1。

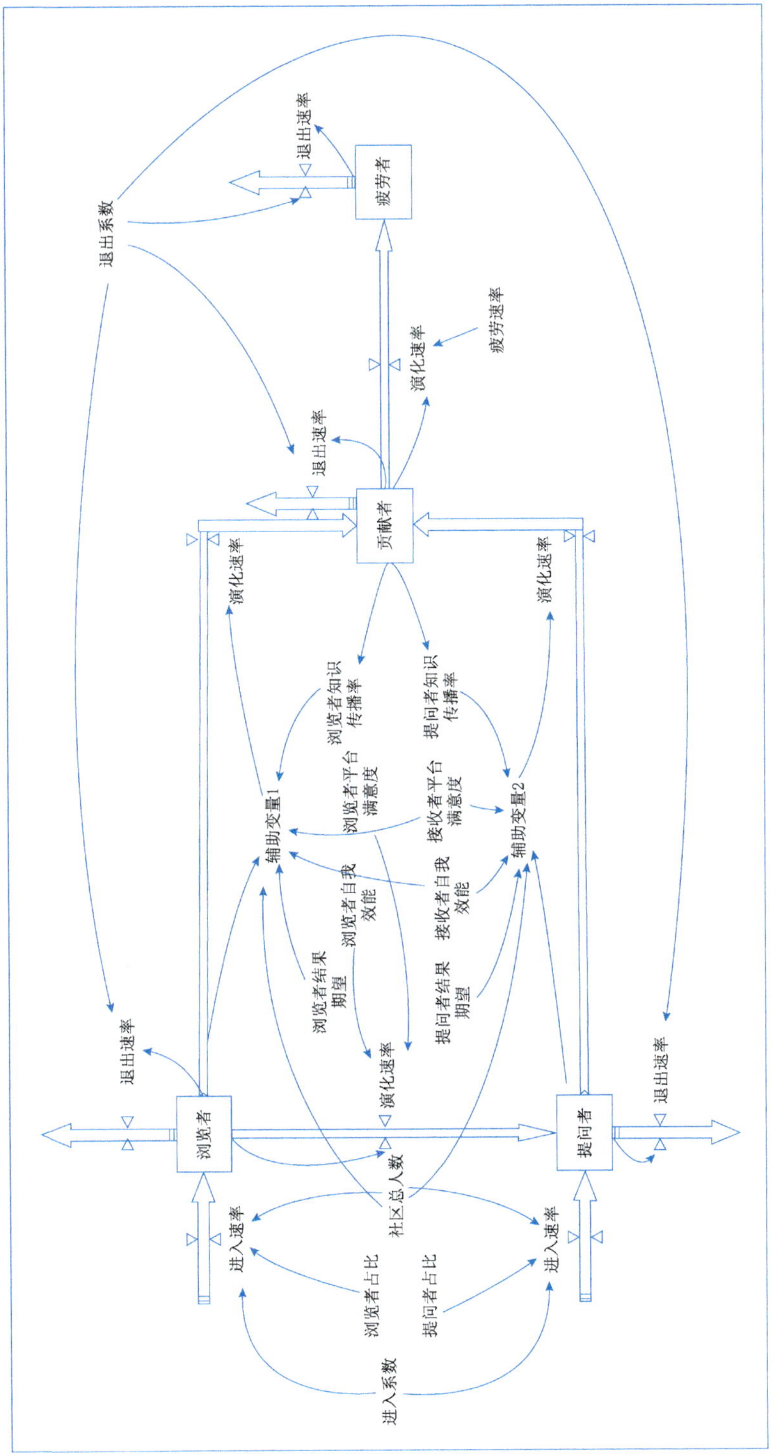

图 5.3　用户角色演化系统动力学模型流图

表 5.1 虚拟品牌社群用户角色转化参数表

	参数说明	参数	单位
状态参数	浏览者	R_1	人
	提问者	R_2	人
	传播者	C	人
	疲劳者	F	人
常数	进入系数	d	%
	浏览者占比	g_1	%
	提问者占比	g_2	%
	系统总人数	N	人
	浏览者结果期望	α_1	%
	提问者结果期望	α_2	%
	浏览者自我效能感	θ_1	%
	接收者自我效能感	θ_2	%
	浏览者平台满意度	λ_1	%
	接收者平台满意度	λ_2	%
	浏览者知识传播率	γ_1	%
	提问者知识传播率	γ_2	%
	疲劳系数	σ	%
	退出系数	q	%
速率变量	浏览者进入速率	g_1dN	人/天
	提问者进入速率	g_2dN	人/天
	部分浏览者转为提问者的速率	p_1	人/天
	部分浏览者转为贡献者的速率	p_2	人/天
	部分提问者转为贡献者的速率	p_3	人/天
	疲劳速率	p_4	人/天
	浏览者退出速率	qR_1	人/天
	提问者退出速率	qR_2	人/天
	贡献者退出速率	qC	人/天
	疲劳者退出速率	qF	人/天
辅助变量	辅助变量1	—	人/天
	辅助变量2	—	人/天

二、仿真实验

本实验基于 VESIME PLE 8.0，根据虚拟品牌社群内基于知识传播基础上用户角色转化的系统动力学流图，对虚拟品牌社群内无知识传播状态和有知识传播状态两种情况做了模拟和比对。首先在无知识传播情况下传播阈值 $R_0<1$，此时在虚拟品牌社群内没有任何知识流动，知识传播人数趋近于 0 且达到平衡；其次在有知识传播情况下传播阈值 $R_0>1$，虚拟品牌社群内用户间正在活跃地进行知识迁移，而此时的社群内知识传播运动达到稳定状态，也就是说如果想要保持虚拟品牌社群的发展长期处于稳定，那么社区内的知识贡献者人数及活跃程度必须保证持续在线。

在此重点考虑虚拟品牌社群内阈值 $R_0>1$ 时用户角色演化。在知识传播阈值 $R_0>1$的基础上，模拟结果期望、自我效能、平台满意度和知识传播率核心因素的作用下知识接收者向知识贡献者的转变细节及用户角色整体的演化过程。实验假设虚拟品牌社群内用户人数共有 2 500 人，其中假定浏览者为 1 470 人，提问者为 630 人，所占比例分别为 0.7，0.3，即（$g_1=0.7$，$g_2=0.3$），知识贡献者为 400 人，演化周期 $t=500$（天）。同时，为降低实验过程的误差，每项实验重复运行 100 次，采用每次实验均值作为结果。

1. 用户角色静止状态

在已有数据的基础上，进一步设定参数：$d=p=0.03$，$\alpha_1=0.5$，$\alpha_2=0.7$，$\theta_1=0.3$，$\theta_2=0.6$，$\lambda_1=0.3$，$\lambda_2=0.4$，$\gamma_1=0.6$，$\gamma_2=0.4$，$\sigma=0.06$，并代入阈值 R_0 可得

$$R_0=\frac{\dfrac{\alpha_1\theta_2\lambda_2\gamma_1 g_1 d}{\theta_1\lambda_1+q}+\dfrac{\alpha_2\theta_2\lambda_2\gamma_2\left(g_2 d+\dfrac{\theta_1\lambda_1 g_1 d}{\theta_1\lambda_1+q}\right)}{q}}{\sigma+q}=0.75<1$$

此时仿真结果如图 5.4 所示。

由图 5.4 可以看出，当知识传播阈值 $R_0<1$ 时，社群内知识贡献者的数量会随时间的发展，逐渐呈下降的趋势，由初始状态的 400 个知识贡献者用户，在 200 天后数量逐渐趋于零，并达到社群无知识贡献稳定状态，与此同时，浏览者数量逐渐降为 400 左右，提问者数量增加到 2 100，疲劳者数量逐渐趋于零。出现此现象的原因在于，虽然浏览者数量逐渐减少，但大多浏览者直接转变为提问者并非成为知识贡献者，提问者的数量呈爆发性增长。知识贡献者因无趣感退出系统和转化为疲劳者的速率高于知识接收者升级为知识贡献者的速率，知识贡献者人数递减，系统最终陷入无知识流

动状态。 在某些虚拟品牌社群中，难免会出现随时间推进社群人气逐渐跌落的现象，在社群成立初期，在一些期望指数比较强的意见领袖的带领下，社群在短期内知识贡献率良好，可在单位时间内转变为知识贡献者的知识接收者数量持续低于退出的知识贡献者数量情况下，平台将逐渐衰落。

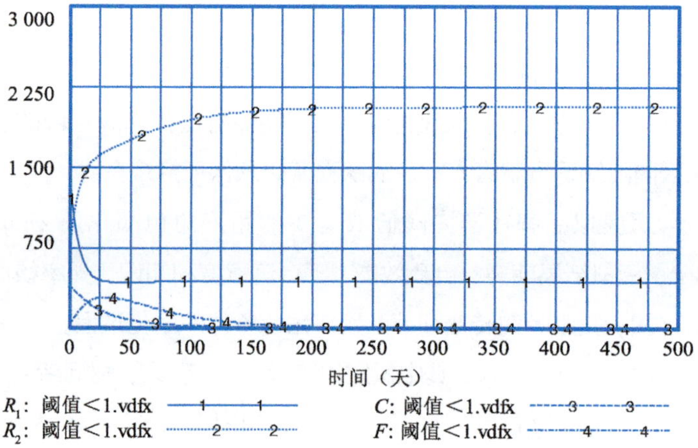

图 5.4　阈值 R_0 <1 时用户流动趋势仿真结果

2. 用户角色演化状态

进一步设定 $d=p=0.03$，$\alpha_1=0.5$，$\alpha_2=0.7$，$\theta_1=0.4$，$\theta_2=0.7$，$\lambda_1=0.4$，$\lambda_2=0.5$，$\gamma_1=0.6$，$\gamma_2=0.4$，$\sigma=0.06$，并代入 R_0 可得

$$R_0=\frac{\dfrac{\alpha_1\theta_2\lambda_2\gamma_1 g_1 d}{\theta_1\lambda_1+q}+\dfrac{\alpha_2\theta_2\lambda_2\gamma_2\left(g_2 d+\dfrac{\theta_1\lambda_1 g_1 d}{\theta_1\lambda_1+q}\right)}{q}}{\sigma+q}=1.0975>1$$

此时仿真结果如图 5.5 所示。

由图 5.5 可以看出，当知识传播阈值 $R_0>1$ 时，社群内知识贡献者的数量会随时间的演进，在 200 天时下降到 80 人后趋于稳定，与此同时，浏览者数量逐渐降为 260 左右，提问者数量增加到 2 000，疲劳者数量在 160 人左右稳定。 说明虽然整个系统的知识贡献者数量有所下降，但依旧处于稳定的知识传播状态，有存活的希望。 出现此现象的原因在于，虽然知识接收者的数量在不断增加，但在单位时间内知识贡献者由于自然无趣感退出系统和转化为疲劳者的数量稍低于知识接收者升级为知识贡献者的数量，知识贡献者人数递减到一定程度后中止，虚拟平台用户角色转变渐近动态稳定。

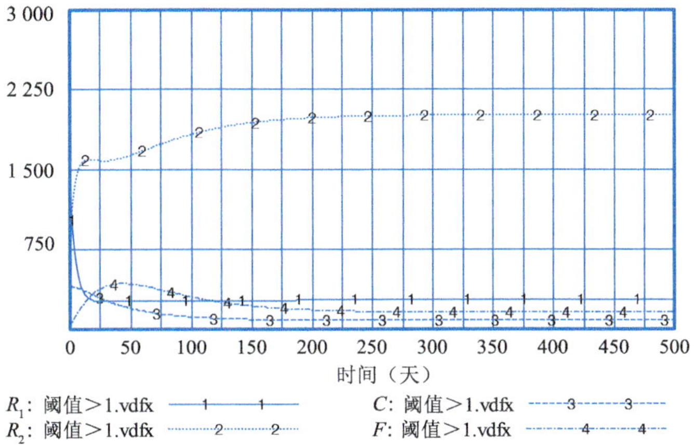

图 5.5　阈值 R_0 >1 时用户流动趋势仿真结果

三、用户角色演化各影响因素仿真分析

1. 结果期望对用户角色演化的影响

在知识传播阈值 $R_0>1$ 的情况下，系统内才会有知识的流动，模型考虑到用户自身结果期望和自我效能、社群环境的平台满意度和知识传播率四个因素，现采用控制变量的方式依次对因变量的影响模拟分析。

假定其他变量都不变的情况下，首先提高浏览者的结果期望，先将 α_1 的值修订为 0.7，将数值代入模拟系统观察，四种用户角色的变化仿真结果如图 5.6 所示；同时将提问者和知识贡献者的变化与调整前的趋势放在一起作了对比，如图 5.7 所示。

将图 5.6 和图 5.7 对比看出，提高浏览者的结果期望值，四种用户的流向并没有明显变化；再将提问者和贡献者两种角色的变化在图 5.6 中放大观察，知识贡献者人数较数据调整前略有增加，因此提高浏览者的结果期望，转变为知识贡献者的可能性更大。

其次，在保证浏览者结果期望数据不变的情况下，提高提问者的结果期望指数，α_2 修订为 0.9，将数值代入模拟系统，用户角色演化趋势的仿真结果如图 5.8 所示，提问者与贡献者前后变化趋势如图 5.9 所示。

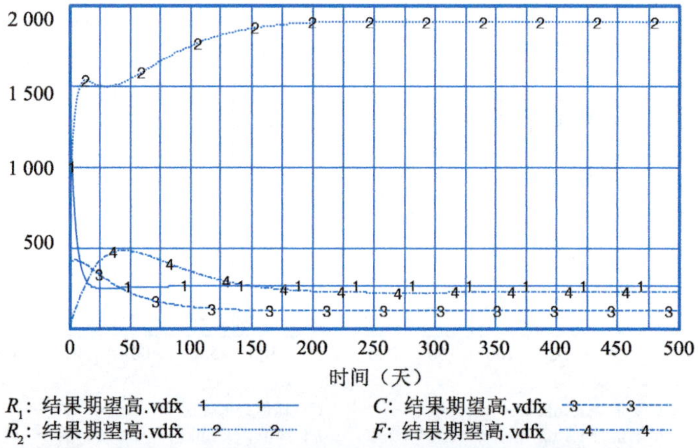

图 5.6　提高 α_1 后用户角色变化趋势仿真图

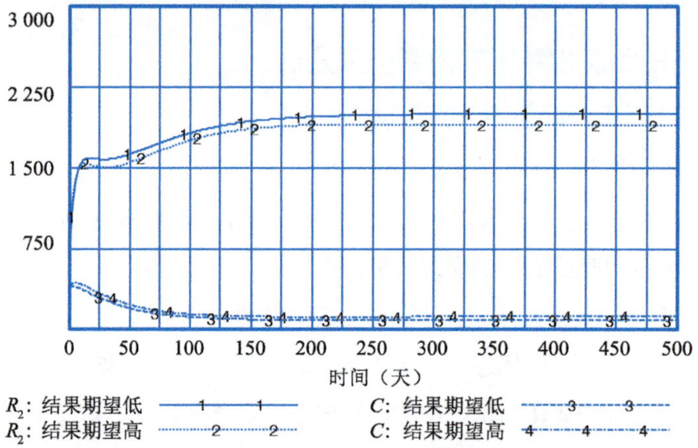

图 5.7　提高 α_1 对 R_2 和 C 两种角色变化的影响图

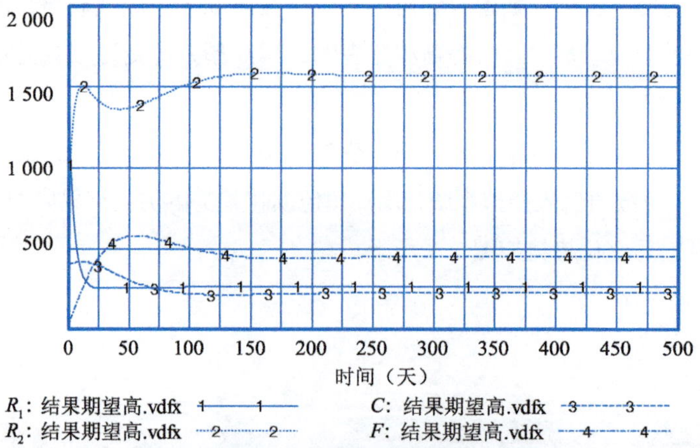

图 5.8　提高 α_2 后用户角色变化趋势仿真

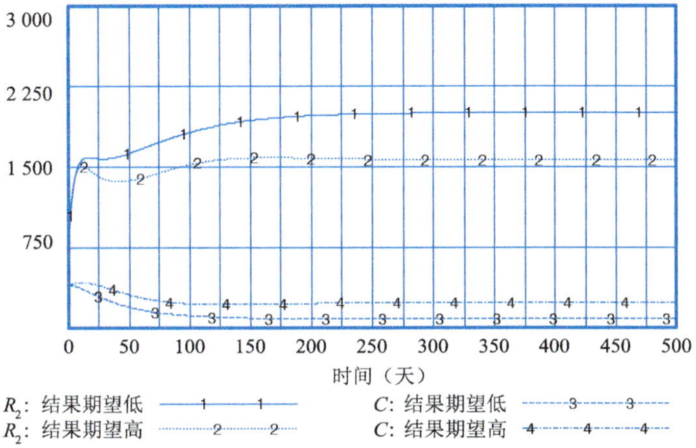

图 5.9　提高 α_2 对 R_2 和 C 两种角色变化的影响图

进入虚拟社群的知识浏览者大多抱有一定知识需求和获取知识的期望，随时间的推进，结果期望更高的接收者，在收获了自己原本没有储备的知识后，愿意分享知识的可能性很大。因此结果期望越高的参与用户越容易成为虚拟社群知识源的知识贡献者，而值得注意的是，提问者群体对结果期望的敏感性更高。

2. 自我效能和平台满意度对用户角色演化的影响

假定其他变量都不变的情况下，首先提高浏览者的自我效能，将 θ_1 的值修订为 0.6，将数值代入模拟系统内观察，四种用户角色变化的仿真结果如图 5.10 所示；同时将提问者和知识贡献者两类用户的变化与调整前的趋势在同一张图中作了对比，如图 5.11 所示。

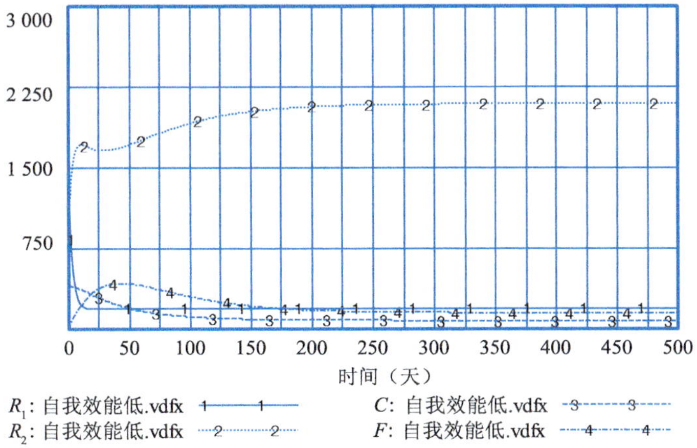

图 5.10　提高 θ_1 后用户角色变化趋势仿真图

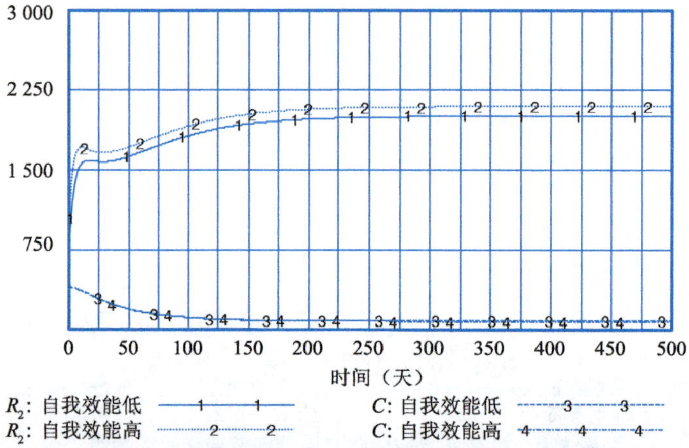

图 5.11 提高 θ_1 对 R_2 和 C 两种角色变化的影响图

随着浏览者自我效能提高，社群中的浏览用户逐渐减少，而减少的这部分人群数量几乎为提问者人数在达到平衡后的增长量，因此浏览者的自我效能越高，成为提问者的概率越大。

接下来，提高知识接收者的自我效能指数，θ_2 修订为 0.9，将数值代入模拟系统，用户角色演化趋势仿真结果如图 5.12 所示，提问者与贡献者的人数变化比较如图 5.13所示。

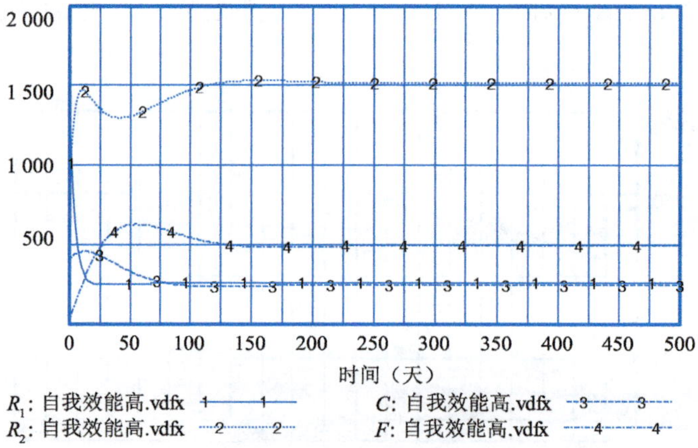

图 5.12 提高 θ_2 后用户角色变化趋势仿真图

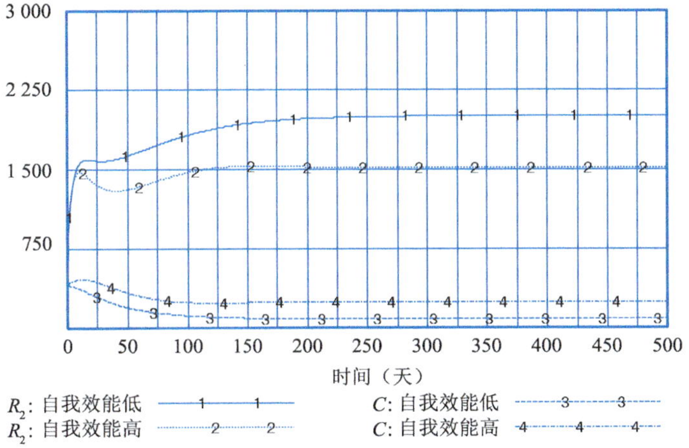

图 5.13 提高 θ_2 对 R_2 和 C 两种角色变化的影响图

提高浏览者的自我效能，对促进浏览者向知识贡献者角色的递进并没有明显的改观。虽然提问者的数量并没有大幅上涨，仍有部分浏览者更愿意参与知识提问、抛出问题，这也有助于刺激知识贡献者迈出贡献知识的第一步，向虚拟品牌社群输出知识。反观，提高知识接收者的自我效能，社群用户角色有着显著的动态变化，均衡状态的提问者人数降低了将近 700 人，进入知识贡献状态的用户人数有明显提高。因此自我效能较高的提问者更容易在知识学习中变为知识的贡献者。

3. 知识传播率对用户角色演化的影响

对浏览者和提问者的平台满意度取值分别修订为 $\lambda_1=0.6$、$\lambda_2=0.7$ 的模拟结果与结果期望的趋势图相似。

假定其他变量都不变的情况下，先后提高浏览者和提问者与贡献者间的知识传播率，先将 γ_1 的值修订为 0.8，将数值代入模拟系统观察，仿真结果如图 5.14 所示。

提高浏览者与知识贡献者之间的知识传播率，能够促进更多浏览者的角色发生转变，成为知识贡献者，同样从图 5.15 中可明显看出。

接着将提问者的知识传播率 γ_2 修订为 0.6，将数值代入模拟系统，四种用户角色演化仿真结果如图 5.16 所示，提问者与贡献者两种用户量变化趋势如图 5.17 所示。

提问者与贡献者间知识传播率的提高对提问者角色的变化有显著的正向影响；从图 5.17 中显然可以得出虚拟品牌社群在平衡时知识贡献者人数有所增加。

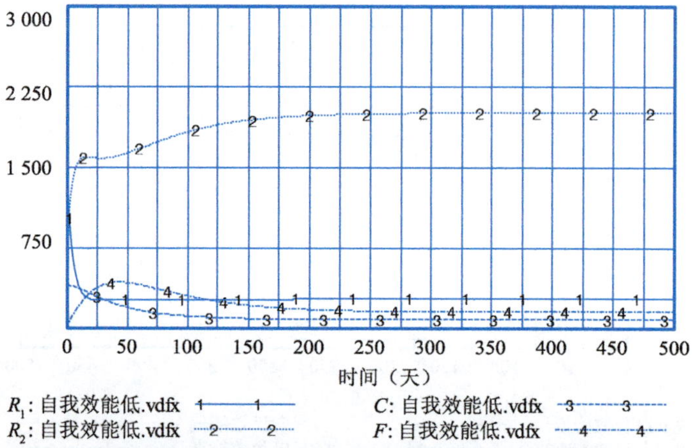

图 5.14　提高 γ_1 后用户角色变化趋势仿真图

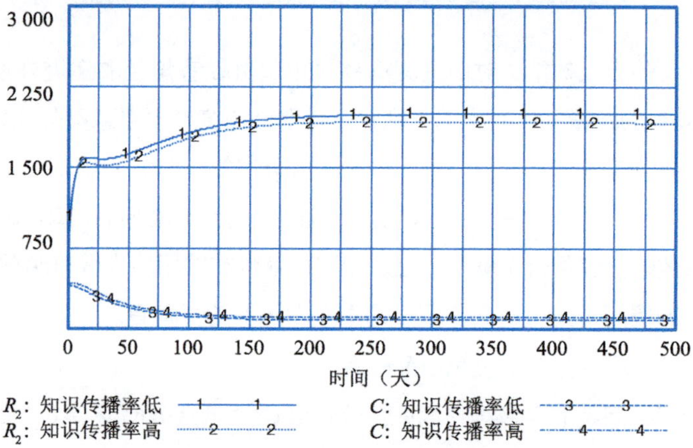

图 5.15　提高 γ_1 对 R_2 和 C 两种角色变化的影响图

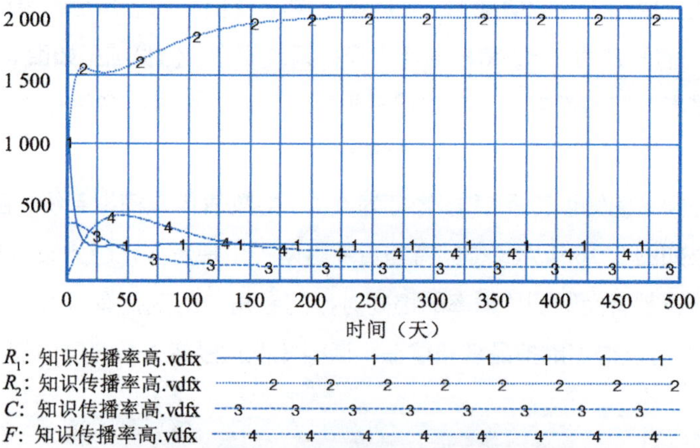

图 5.16　提高 γ_2 后用户角色变化趋势仿真图

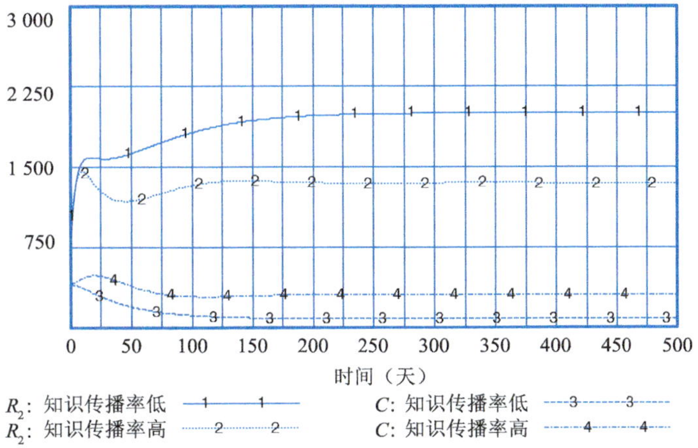

图 5.17　提高 γ_2 对 R_2 和 C 两种角色变化的影响图

可看出应当为虚拟品牌社群内知识接收者与知识贡献者之间有效交流提供更多的机会，比如为优质的“大 V”提供可以低成本展示才华的平台和通道，同时打通用户沟通障碍，创建高效互动空间。一旦提高了用户间的知识传播率，知识接收者分享知识的意愿就越强，于是会不断有更多的提问者变为贡献者。另外，相比于浏览者，提高提问者与贡献者的知识传播效率，对促进知识接收者变为知识贡献者更有效。

综上，通过模拟演化印证出，对于提问者，只有自我效能和平台满意度正向影响浏览者演化为提问者；通过模拟演化印证出，对于知识贡献者，结果期望、自我效能、平台满意度和知识传播率都会影响知识接收者朝知识贡献者的演化；通过模拟演化发现知识接收者向知识贡献者演化过程中，相比浏览者，提问者演化为知识贡献者的速率更快。

第六章 虚拟品牌社群用户知识共享机制

第一节 虚拟品牌社群用户知识共享的影响因素

虚拟品牌社群中用户之间的互动活动是维持社群不断运转向前的动力源泉。而用户的知识共享行为又是交流互动活动中重要的一环，是社群生存发展不可缺少的前提条件。虚拟品牌社群中的知识共享行为大致可以划分为两个方面：社群管理员（一般为企业）与社群用户的知识共享以及社群用户之间的知识共享。本书所研究的对象是由企业建立的官方虚拟品牌社群，而不是个人建立的。

在虚拟品牌社群中企业与社群用户之间的共享活动主要有：企业将自己最新的产品信息发布到这个平台供用户阅览，同时社群用户可以将使用产品的感受心得以及意见反馈给企业，在这个互动的过程中可以提高用户对企业品牌的忠诚度。社群用户在虚拟品牌社群中进行发帖、提问，就产品的有关问题进行交流，交换一些产品使用的小技巧和经验等，这些都是用户的知识共享活动。

本书研究的知识共享活动主要指的是上述的两种活动，即公司与用户之间的知识共享互动以及用户间的知识共享行为。本书认为虚拟品牌社群的知识共享是社群中的用户围绕品牌展开的交流互动行为。

一、虚拟品牌社群知识共享的研究现状

现代网络技术的发展使得虚拟品牌社群的知识共享已不受地域和时间的限制。国内外对基于虚拟社群环境下用户的知识共享的行为做了大量的研究，但是对于虚拟品

牌社群的知识共享研究还是比较少的。笔者就虚拟品牌社群成员进行知识共享的研究现状做一个简单的梳理，为后面概念模型的构建提供理论依据。

对于虚拟品牌社群中的知识共享的研究可以大致分为两个方面：影响知识共享的因素研究和知识共享的作用研究。虚拟品牌社群环境下的知识共享动机研究能够为企业如何促进用户的知识共享提供理论支持。

徐丽（2013）基于 MOA 理论研究虚拟品牌社群中社群知识分享的影响因素，从品牌和品牌社群入手进行研究，通过回顾研究文献确定理论模型，实证研究表明，品牌知识、同类意识、自我提升这三个方面对虚拟品牌社群用户的知识共享活动有正向的促进作用。肖定菊（2010）以动感地带品牌社群中用户所发的帖子为研究对象，透过帖子的内容归纳出用户进行知识共享的动机，大致可以分为物质需求和情感需求两种动机。其中，相对于情感动机，诸如互惠、财务等物质因素的影响较大，这是因为动感地带品牌的附加值较低，影响了用户对社群的情感关注。这说明现实的物质奖励对促进用户参与虚拟品牌社群的知识共享活动有着重要的作用。

虚拟品牌社群的发展离不开用户的积极参与，虚拟品牌社群中的用户进行交流互动活动不仅能增强用户对社群的归属感，还能对知识共享产生积极影响。吴晓红等（2015）在研究非交易类虚拟品牌社群中的社群互动、归属感和知识共享之间的关系时，用实证的方法证明了社群互动对虚拟品牌社群中的知识共享的促进作用。陈霖在探究虚拟品牌社群中的社会资本和知识共享对品牌依恋的影响过程中，同样得出了互动能够正向影响知识共享的结论，而且社会资本中信任、社群认可、互惠三个因素对知识共享的影响作用也很显著。

虚拟品牌社群中的知识共享对于社群推广、用户的品牌和忠诚、企业的产品和服务创新等方面都有重要的影响。李小鹏（2012）在回顾以往的文献内容过程中，得出知识共享能够影响消费品牌态度的结论，并且发现具有高质量以及反映客观事实的知识共享内容对消费者的品牌态度的影响较为显著。虚拟品牌社群中的用户参与知识分享的程度越高，就会产生对品牌社群的认同感，进而向他人推荐社群。

沙振权（2010）从社会资本视角研究虚拟品牌社群中知识分享与社群推广的关系，知识贡献和知识获取作为构成知识分享的两个构成维度，研究结果表明，这两个维度都能够正向影响社群的推广。虚拟品牌社群中的知识共享对于企业来说是一笔宝贵的财富，企业可以将这些知识共享的内容整合到企业的产品和服务创新中，提高创新的成功率。王小娟等（2015）基于关系嵌入的理论，构建虚拟品牌社群知识共享对企业服务创新的模型，将知识共享划分为隐性知识共享和显性知识共享两个方面，而且这两个方面都有利于企业的服务创新。

虚拟品牌社群与其他虚拟社群不同的是，虚拟品牌社群一般由品牌公司建立，并且有公司人员参与到虚拟品牌社群的管理中来。虚拟品牌社群中的知识共享贯穿于品牌社群的各种活动中，比如发帖、回帖、提问等形式。社群中的成员在这个虚拟品牌社群中具有双重身份，他既可以是知识的提供者，也可以是知识的接收者。在这个共同的社群中，当社群成员遇到一些关于该品牌的问题时，他就能够在社群中寻找帖子或咨询其他社群成员来获得答案，还可以咨询品牌社群中的企业管理人员获得更专业的答案。当然，他也可以为其他成员提供自己的知识经验。这时的虚拟品牌社群就为社群成员搭建了一个知识交流的平台。很显然地，此时虚拟品牌社群的知识共享范畴就包含了以下两种情况：一种是虚拟品牌社群成员之间的关于品牌或其他方面内容的直接交流，分享品牌的使用经验和心得等内容；另一种就是虚拟品牌社群成员与企业的互动交流，企业可以将公司最新的产品信息发布在虚拟品牌社群中，社群成员能够将自己对产品的使用体验、评价反馈给公司，这对于企业进行产品的创新具有重大的意义。虚拟品牌社群中的企业人员在社群中一般作为社群中的版主公布一些品牌信息，使社群成员能够了解企业产品的最新动态。因此可以将这些版主看作是资深的社群成员，与其他成员相比只是多掌握一些品牌知识，同样纳入社群成员的范围。所以，本研究中虚拟品牌社群中的知识共享指的是社群成员间的知识共享。

Hooff 和 Ridder（2004）从分享者的角度，将知识共享划分为知识捐赠（knowledge donating）和知识收集（knowledge collecting）两个维度，知识捐赠指的是与他人交流沟通、分享自己的知识经验，知识收集则指的是分享他人的知识经验。还有一种重要的方法就是从知识共享的数量和质量来直接衡量知识共享的程度。Chiu 和 Wang（2011）从基于知识共享效果的角度，认为知识共享的数量和质量两个方面可以测量知识共享的水平。知识共享的数量可以理解为用户之间互动交流的活跃程度，知识共享的质量可以从时效性、完整性、相关性、可靠性、可理解性这几个方面来考虑。国内很多的学者就是使用这种测量方法，比如王莉等（2013）在研究虚拟创新社群的条件下，构造消费者互动、群体创造力、知识共享三者的模型时，就从知识共享的数量和质量来分析知识共享的程度。目前国内外对于知识共享维度的研究还是没有形成一个统一的认识，需要进一步的研究。

本书从知识共享的目的出发对知识共享的构成维度加以分析。社群成员加入虚拟品牌社群与用户的意愿和需求是息息相关的。Kozinets（1999）将虚拟社群中社群成员的交流互动归纳为娱乐模式、信息模式、关系模式、转换模式这四种模式。娱乐模式指的是加入社群的成员主要是为了娱乐，信息模式的这类用户通过加入虚拟社群来获得自己需要的信息，关系模式的用户具有较强的社会性和社交倾向，转换模式类型的用户对社群中的活动比较感兴趣。在虚拟社群中的成员通过知识共享的方式来获取所需的价值，很多学者就是依据这一点来探讨用户参与虚拟社群进行互动的动机。

Bagozzi 等（2006）在研究社会认同和自我意识在销售人员 – 顾客的互动对企业间的关系的调节作用时，运用使用与满足理论分析虚拟社群成员加入虚拟社群的动机，这些动机依次为娱乐性、目的性动机、自我实现、社会提升、维持人际关系。虚拟社群的形式各不相同，但是用户参与虚拟社群的动机是相似的。在基于某汽车品牌的虚拟社群中，金立印通过实证研究发现，参与这个虚拟社群的用户大致是为了获得娱乐价值、信息价值、财务价值、社交价值、形象价值，这些价值对于社群意识的形成和加强有重要作用。

刘琦等（2013）在研究非交易类网络社群知识共享质量、网络社群的创新及社群成员对社群满意度这三者的关系模型时，通过实证研究证明社群成员的目的性动机、联系性动机、娱乐性动机对网络社群的知识共享的质量有着明显的影响作用。

二、虚拟品牌社群知识共享的维度

基于对以往文献的回顾和总结，本书从参与虚拟社群的动机角度，认为知识共享的构成维度有娱乐性知识共享、目的性知识共享、联系性知识共享。

1. 娱乐性知识共享

虚拟品牌社群中的成员通过与其他成员的交流互动，在虚拟社群中浏览帖子、文章、视频等内容，或者参与现实生活中社群举办的比赛等活动，都能够获得愉快、轻松的感觉，这就是娱乐性动机。Füller 等（2014）在调查虚拟社群消费者为何参与生产者发起的新产品开发的过程中发现，对创新活动的兴趣和好奇是消费者愿意参与进一步的产品开发活动的最重要的动机。本书认为娱乐性知识共享是虚拟社群成员以娱乐为主要目的参与虚拟社群中的知识共享活动。

2. 目的性知识共享

目的性动机是虚拟品牌社群成员以获取或提供品牌信息的方式与其他成员进行互动交流的一种驱动力。虚拟品牌社群中的帖子、文章、视频等这些内容构成了虚拟品牌社群的知识库，社群成员都可以进行搜索访问。消费者参与进入虚拟品牌社群很大程度上是为了更直接地获得产品信息，而且虚拟品牌社群中品牌信息的权威性可以得到保证。目的性知识共享是虚拟社群成员为利用虚拟社群中的信息满足自己的需求而进行的知识共享活动。

3. 联系性知识共享

通过前面对娱乐性知识共享和目的性知识共享的论述，我们可以将联系性知识共享理解为社群成员以与他人进行社会交往为目的，并且进一步为维持这样的社交友谊而参与虚拟社群知识共享的行为。在虚拟品牌社群的日常交流中，我们会与其他的社群成员形成良好的友谊关系，我们会更加乐意地为他们提供帮助，提供社群的互动互助。在研究实名制虚拟社群知识共享影响因素时，孙康通过实证研究发现，联系性动机对社群成员知识共享的质量有显著影响。社群中相互关系比较好的双方倾向于为彼此提供高质量的解决方案和知识共享。

三、影响虚拟品牌社群用户知识共享的主要因素

大量的研究对影响用户进行知识共享意愿的因素进行了探索，包括自身的成本和收益、外部动机和内部动机、社会资本、社会和个人认知、组织文化等。

社会认知理论（social cognitive theory）认为人类活动是由个体行为、个体认知及其他个体特征、个体所处的环境这三种因素交互决定的。社会交换理论（social exchange theory）认为当事人会在获得回报的预期下，涉入并维持与他人的交换关系。互惠原则是社会交换理论中最著名的交换规则之一。社会交换假定存在长期的相互关系。Chiu 等（2011）以社会资本和社会认知理论为基础，以实证的方法研究虚拟社群中成员知识共享的影响因素。社群成员对于知识共享的态度、知识共享的自我

效能，以及主观规范和控制力对知识共享的意向有明显的影响。国内外学者普遍认为个人的内在驱动力是影响虚拟品牌社群的重要因素。

目前大部分的研究聚焦在环境因素（contextual factors，也称为情境因素）和个人因素（individual factors）两个维度。环境因素主要包括互惠和信任，个人因素包括自我效能感、社群归属感、感知学习。

1. 环境因素

1）互惠

互惠性不是单方的奉献，而是基于回报的利他行为。它是主体成员在贡献自身知识后对未来知识需求的一种收益预期（李柏洲等，2017）。基于社会交换理论，不同主体间的交换关系除了涉及经济资源，还涉及社会情感资源，如互惠和信任等。目前，已有学者的研究表明互惠性能够有效促进知识共享。Bock 和 Kim（2002）研究指出，期望的互惠对知识共享行为的态度有显著的促进作用。Bock 等（2005）还指出，预期的互惠关系越强，知识提供方越会对知识共享保持积极的态度，因此会有比较强烈的共享意愿。

一方面，互惠性提高了知识提供者的共享意愿，改变了知识提供者的传统共享心理，使知识共享不再只是流于形式，从而改进知识提供者的共享行为，特别是对于隐性知识的共享。另一方面，互惠性改变了知识接收者的接收心理，使其从过去消极的接收心态转变为积极的心态，从而减少知识共享过程中的损失，提高共享的效率。

2）信任

由于虚拟品牌社群的虚拟性，社群中的互动空间就存在信任问题。信任是成员维持与他人关系的纽带，也是虚拟品牌社群取得成功的重要条件。在虚拟空间中，由于时空的分离，人与人之间容易产生不信任感，这会对成员之间的交流和知识的分享产生一些负面影响。虚拟社群的大多数成员具有相同喜好或者对某些主题具有一致的兴趣，他们经常分享心得和经验，互动十分频繁，因此彼此之间就会产生较高的信任感。

Davenport 等（1998）指出，信任对知识共享至关重要，如果人与人之间缺乏信任，组织的任何行为都很难取得成功。相互信任是知识交易的灵魂。学术界对社群中信任研究比较多，其中包括基于认知和情感的信任，基于管理制度、经济、行为和认同的信任等概念。在本书中，主要从成员参与社会互动方面了解成员基于经济和认同的信任。

基于经济的信任是指社群成员可以便捷地从社群中获得所需信息而产生的信任模式。基于经济的信任可以为成员的知识共享减少成本，提高知识的优势。这种信任建立在对社群知识质量和成员能力的认可度上，成员对社群知识质量和其他成员的能力认可度越高，其参与知识共享的可能性就更大。基于认同的信任是成员基于情感上对他人行为和意图的理解和认可，在成员互动过程中，双方比较了解对方的意愿，也互相影响。在虚拟品牌社群中，成员在彼此的信任关系中投入很多的感情，他们关心成员的利益并且相信这种感情的真正价值所在，也认为这种感情是相互存在的，因此成员之间的这种基于认同的信任也表现为成员之间的感情互动。成员的共同价值观和感知是复杂知识共享的重要促进因素。

在虚拟品牌社群中，信任是一种重要的环境特征。在社会认知理论中，信任可以看作是一种环境因素，而知识共享自我效能是个人因素，根据这个理论，环境因素就会影响个人因素。在实证研究方面，也有很多学者研究过信任与自我效能的关系。

在虚拟品牌社群中，成员之间的信任关系是维持社群运行的重要因素。对成员的信任意味着对成员提供有价值的信息和参与社群互动的信任，当一个成员受到社群的信任时，他会更加愿意参加社群的活动，并不断加强与其他成员的关系，个人在社群的影响力也会发生变化，参与活动的次数也更加频繁。成员之间的信任感能够消除社群间的不确定性因素，使成员对社群产生情感依赖，成员之间的信任能够对社群归属感产生重要的影响。成员之间的信任感和社群归属感对社群的发展起着重要的作用，成员之间信任感能够加深成员之间的关系，影响成员在社群的参与行为，也促使成员加深对社群的情感依赖，而具有强烈归属感的成员，在社群中表现更为活跃，这两者都在一定程度上影响着社群的发展。

2. 个人因素

吸引用户参与社群是大多数平台所遇到的一个重要挑战。用户个人的自我效能感、社群归属感和感知支持对个人的知识共享有正向影响。

1) 自我效能感

自我效能感是社会认知理论的重要内容，它是指个体在完成某项任务时，对能否完成特定目标的一种能力评估和完成目标所需能力的一种信念。自我效能感是个体的一种潜在知觉，即对遇到问题时做出自我能力的评估，然后根据自己的判断做出相应的行为，体现一种自信的程度。

在虚拟品牌社群中，自我效能感是成员参与社群活动能力的心理体现。参与社群活动的成员会对要处理的问题进行自我能力的评估，这个过程会驱动和指引个体产生相应的行为，这种行为就是自我效能感所带来的，即自我效能能够影响成员的知觉行为。在成员参与社群的知识共享中，如果成员认为自己对知识的共享能力强，在潜意识里面就会发挥这种能力，对知识共享的这种行为充满信心，且在社群的每个个体的自我效能感的强弱是不同的。

在本书的研究中，成员知识共享的自我效能是成员能够提供有价值知识的一种信心的体现。有很多学者研究表明，在虚拟社群中拥有高水平的专业知识和能力的个体更有可能提供有用的知识，在共享有用的知识给社群的过程中，成员会更有信心去做更多的事情。这种得到强化的自我效能的感知会促使成员向其他成员共享他们的知识。

2)社群归属感

在虚拟品牌社群的形成和发展过程中，社群的归属感是联结社群成员和保持成员之间密切关系的纽带。社群归属感可以定义为人们对居住地的情感联系，包括对其的情感依赖和对其产生亲密感的倾向。在虚拟品牌社群中，社群成员对这种归属感的需要心理是一样的。在虚拟品牌社群中，成员对社群的归属感是指社群成员愿意参与社群活动并成为社群中的一员，这是基于个人感情色彩的心理倾向，包括对社群的情感依赖和自我身份的认同。

成员的交互不仅是形成社群的核心要素，同时也是促使成员形成社群归属感的重要条件，没有了这样的交互行为，成员之间无法进行情感沟通，很难在社群中形成强烈的归属感。

Koh 和 Kim（2004）经过分析前人对社群归属感的研究，从成员之间的关系程度、与社群的影响关系和对社群的投入解释了社群归属感。成员关系方面主要指社群成员感受到自己属于虚拟品牌社群中的一员；与社群相互影响方面是指社群成员对社群的影响和社群对成员的影响；对社群的投入是指社群成员对社群参与的一种感情沉浸行为。以上三方面从社群成员的感情、认知和行为层面解释了社群成员的归属感，在虚拟品牌社群中，这也是学习者在思想上、感情上和心理上的一个体现，反映了社群成员对社群的理解和情感联系。

虚拟品牌社群是一个以产品为目标并能为社群成员提供信息分享、交流和帮助的虚拟社群，换句话说，虚拟品牌社群的存在就是为了解决成员在产品使用过程中碰到的实际问题，也是为了促进成员之间的学习和知识共享。在虚拟品牌社群中的成员不仅提供他人知识以解决他人问题，也获取自己所需的信息，虚拟品牌社群也是通过不断地丰富社群有用知识来维持成员和吸引潜在成员的加入，同时也不断鼓励成员的知识贡献。当社群成员意识到自己属于某个特定的社群时，他们会把自己或者其他社群成员看作是一个集体，并且会花时间和精力去做一些对社群有好处的事情。社群的归属感可能会培养成员对社群的认同，使得他们愿意与社群中其他成员分享知识。Wasko和 Faraj（2005）发现在社会网络中具有强烈归属感的人更有可能与其他成员分享的知识，因为他们认为这是他们所做的正确的事情。

3）感知学习

在时空分离的虚拟环境中，社群成员之间缺少面对面的情感交流，大部分成员都是通过媒体与其他人进行沟通，进而达到对与其他人联系程度的感知和学习的感知。成员目标的达成需要依靠成员之间的交流和互动，也需要成员对学习的感知，这样成员在学习中才能取得更好的学习效果和更高的学习满意度。

感知学习被定义成一个人对待学习的信念和情感的集合，是对学习经验的一种回顾性评价。这种定义来自以下两个来源：认知和社会情感。认知来源反映了获取了新的知识，就会有新的理解以及一些其他的认知过程；社会情感来源反映了经验和情感，其中也包括互动因素，或者当前学习状态下的一种创新的灵感。在前人研究中，有很多的迹象表明“学习”（由绩效指标来衡量）与“感知学习”（由呈现的感觉和知觉衡量）不是同一个寓意，两者是独立且不相关的。

在以交流为目的的虚拟品牌社群中，社群的环境和社群对学习的支持对成员感知学习有重要的影响。Wang 等（2016）认为一个好的支持学习的社群应该有一种能够鼓励成员之间进行知识交换的学习气氛，这种气氛能够加强成员在虚拟环境中对学习的感知，并促发他们参与知识交流的内在动力。更具体地说，当学习者在虚拟品牌社群中感知到了他们是积极的学习者，他们的动力会更高，他们也尝试着去分析、评论和管理一些信息，并且将他们转化为有价值的知识。后来学者也一致认为，一个更有学习动力的个体在虚拟学习环境中能够表现出自主、自律、自我引导和更有信心去承担学习中的责任，这是成员自我效能感增强的表现。自我效能感是个体基于自己信心和能力的一种内在动机的反映，而通过情感而促发的自我效能是其形成的一个重要来源。在虚拟品牌社群中，学习者感知学习能够帮助他们对自己能力产生更大的信心，让他们成功地完成必要的行动。对学习的感知促使学习者变得更加积极，使得他们对学习产生了更大的期望，在以交流和互动为主的虚拟品牌社群中，对学习感知程度越深的学习者更愿意参加到社群的讨论中，发表自己的意见，与其他成员进行知识的交流，直至达成一致的意见，这种行为同时也促进了知识在该领域范围内的传播。

第二节　虚拟品牌社群用户知识共享对知识创新的影响

一、知识共享与知识创新的关系分析

知识共享和知识创新是知识管理活动的两个关键环节，知识只有在得到最大化共享的过程中才会实现知识的创新。虚拟品牌社群的创建为社群成员的知识共享提供了一个新的平台，知识创新的知识来源于知识共享。通过共享隐性知识，包括经验知识，创新团队可以产生解决问题的新思路、新构思和新设想。也就是说，通过共享隐性知识，可以形成创新概念。

知识创新过程既是知识创造的过程，也是知识共享的结果。虚拟品牌社群成员之间的互动交流促进了知识共享，而知识共享为知识创新提供机会和知识来源，知识共享与知识创新密不可分。知识创新与知识共享的关系表现在以下几个方面：

1. 知识共享为知识创新提供了便利条件

知识共享与知识创新的这种关系最明显地反映在显性知识的共享中。由于显性知识能被明确表示，拥有易于被人们学习和吸收的特性，因此，在虚拟品牌社群中常见的流动知识便是显性知识。社群成员要进行知识创新首先需要获得知识，而知识的获得是通过与他人共享，所以，虚拟品牌社群知识共享的环境为知识创新提供了便利条件。

2. 知识创新的实现有赖于知识共享

在知识创新过程中，知识的获得尤为重要，特别是隐性知识的获得。从知识共享的途径来看，知识共享为知识创新过程奠定了基础。在众多知识中，隐性知识的价值相对较高，但是由于各种因素，难以明确用公式或文字显性化，因此，为了隐性知识的顺利传播，教师对学生传道授业、父母对子女言传身教。而在网络社群中，社群成员通过在线交流、参与组织学习、阅读文章等方式分享到更多的隐性知识。可以说虚拟品牌社群的知识创新以知识共享为前提。

3. 知识共享以知识创新为目的

大量知识在虚拟品牌社群中被共享，目的是为了能够更好地进行知识创新。社群成员在虚拟品牌社群中通过与他人沟通交流获得许多的显性知识和隐性知识，是为了在社会、生活实践中能够创造新知识和新经验。人们在遇到棘手的问题时，首先会寻找其他人是否遇到过类似问题并进行沟通和交流，获得处理方法和经验，然后结合自身处境，进行实践分析获得新方法和经验。因此，知识共享是以知识创新为目的。

4. 知识创新和知识共享的过程耦合

知识创新过程离不开知识共享过程。知识共享意味着知识所有权与使用权在一定程度上发生了转移和变化，而知识所有权与使用权的转移和变化必然会造成知识被新的所有者和使用者共享。知识在分享的过程中体现出知识创新，知识创新过程又融入了知识共享，这时，知识共享过程与知识创新过程随着虚拟品牌社群的发展自然而然地叠加重合在一起了。

虚拟品牌社群中知识的分享推动了知识在社群内的流动和传播，这就成为了知识创新的基础条件。静止不动的知识无法流动和传播，在虚拟品牌社群内是无法被分享和充分使用的，当然就更谈不上在社群内以知识共享为基础的知识创新。此外，知识共享的过程中常常伴随着知识转移的发生，这个过程会有新知识的发现、发明创造和应用，而这个过程就是知识创新。在知识创新中，我们需要建立和完善知识创新机制，而知识的共享程度将成为这个机制是否顺利运行的重要参考依据。

因此，知识创新与知识共享是密不可分的，两者相辅相成，知识创新依赖于知识共享，而知识共享以知识创新为目的。为了建立和完善知识创新机制，需明确知识创新与知识共享的互动过程。

二、知识共享与知识创新的互动过程

一个社群的成立由四个条件构成：联络手段，保障虚拟品牌社群会员可以畅通有效地进行在线交流；主题，即根据主题进一步地讨论和互动；建立会员之间的忠诚度，注重会员之间情感、心理、兴趣上的互动交流，彼此联系；建立规范程序。蓝凌管理咨询公司提出“知识之轮”模型，指出任何组织中的知识都存在知识沉淀、知识共享、知识学习、知识应用和知识创新环节，这些环节组合成一个螺旋上升的闭环过程。要使知识指导行动，必须让知识沉淀、知识共享、知识学习、知识应用和知识创新等环节循环运转，才能不断地产生价值（周斯昱，2013）。

基于知识共享的虚拟品牌社群经历了三个阶段：建立阶段、发展阶段和成熟阶段。虚拟品牌社群的知识共享与知识创新在每个阶段都存在不同形式的互动过程。

1. 虚拟品牌社群建立阶段

在虚拟品牌社群的建立阶段，首先是要对虚拟品牌社群进行定位，根据构建自己的核心能力的战略规划，并结合外部环境，决策是否需要建立虚拟品牌社群；其次是识别和确定服务对象，认清参与虚拟品牌社群的群体类别，初步规划社群成员结构；最后是设计组织形式，选择适当的技术和建立方法，确定运行形式。虚拟品牌社群的建设者和管理者在这一步中要明确虚拟品牌社群中期望培育和提升的核心能力，使得社群在运行过程中，能有目的、有计划的学习新知识。对虚拟品牌社群的建设和管理要结合现有知识资源，创建新知识，为将来更好的发展提供服务。在这一阶段，虚拟品牌社群管理者将虚拟品牌社群知识创新的理念和目标分享于社群成员，组织和引导社群成员共同构建虚拟品牌社群，创新文化氛围，参与虚拟品牌社群的发展和建设。

2. 虚拟品牌社群发展阶段

虚拟品牌社群的运行过程是社群管理者和社群成员目标的具体实现过程，也是网络社群功能逐步健全和完善的主要阶段。虚拟品牌社群的成立，不仅有助于提升社群成员获得显性知识的容易度，同时也有助于社群成员获取更多的隐性知识。网络社群成为了隐性知识向显性知识转化的助推器。拥有不同学科领域知识的社群成员通过自身的知识积累量充实了虚拟品牌社群的知识资源，并且在与虚拟品牌社群中其他成员的知识资源共享过程中，相互启发和探讨，增强彼此间的信任感，促进知识的再次共享，激发产生出新的知识。这种新知识是虚拟品牌社群知识的创新成果。在虚拟品牌社群运行的过程中，社群成员学习并获得的不仅仅是显性知识，更重要的是通过“边干边学”，将其他社群成员的经验和隐性知识与自身的知识资源进行摩擦与融合，激发创新性思维。在虚拟品牌社群的发展阶段，社群成员通过协同创新共同完成任务，并获得新知识，为进一步实现虚拟品牌社群知识创新打下坚实的基础。

3. 虚拟品牌社群成熟阶段

虚拟品牌社群经过建立和发展阶段，进入半自组织形态，具有动态稳定性，逐步走向成熟阶段。不论虚拟品牌社群成功实现目标与否，都有助于形成并提升社群的核心能力。虚拟品牌社群核心能力的形成和提升需要经过两个过程：第一，要明确自己的核心能力；第二，要明确知识结构在虚拟品牌社群中的存在方式，提升知识共享的效率，然后在这基础上提高知识创新能力。在这一阶段，虚拟品牌社群通过组织社群成员学习和讨论问题，把社群新知识分享给更多的社群成员，丰富社群成员的知识积累量，使虚拟品牌社群内更多的成员通过掌握这些新知识而不断提高自身的能力，然后明确社群成员的创新动机，在一定程度上鼓励和激励社群成员运用他们的创新性思维进行知识创新，营造虚拟品牌社群创新的文化氛围，从而促进虚拟品牌社群整体创新能力的不断提升。

综上，虚拟品牌社群的演进经历了建立阶段、发展阶段、成熟阶段。在建立阶段，网络社群内，部分显性知识被共享，社群成员在这种知识共享条件下，逐渐建立创新理念和目标；在发展阶段，虚拟品牌社群内大量显性知识、少量隐性知识被共享，在这种知识共享条件下，社群成员在社群内进行协同创新；在成熟阶段，社群内大量的显性知识和隐性知识被共享，在这种知识共享条件下，促使了虚拟品牌社群整体创新能力的提升。

第三节　虚拟品牌社群用户知识共享的激励机制

虚拟品牌社群成员的知识共享一方面受到环境因素的影响，另一方面受到自身个体因素的影响，因此，可以在环境因素和个人因素两个方面发力，促进虚拟品牌社群更好地进行知识共享。

一、增强社群成员之间的互动

虚拟品牌社群中的互动是维系人与人关系的重要因素，也是维系社群发展的关键因素。社群成员之间的社会性交互是形成社群归属感和信任感的重要前提条件，在促进社群知识共享过程中发挥重要作用。在社群运营的实践中，可以从以下几个方面来提升虚拟品牌社群成员的互动：

（1）构建企业与用户多视角交互行为逻辑。通过虚拟品牌社群，构建企业、用户之间的相互交互，形成企业－用户交互、用户－用户交互的多维度交互行为，为用户提供发布主题帖子、提出建议、发布问卷、构建圈子、社群私信等多样化交流工具，满足不同类型用户的交互需求。

（2）提供丰富的社群资源。在社群中提供企业相关产品信息的介绍、产品使用经验、用户精华帖子，通过文字、视频、图片等多种媒体形式提供丰富的社群资源。同时，建立企业专家库，方便用户与专家对接。通过企业的专家对社群的内容进行分析，对具有高价值的内容通过适当归类和整理后，存放到社群的专业知识库。

（3）开展跨专业领域的知识互动交流。在社群中吸引更多跨专业的用户，开展不同专业领域的知识交流活动，鼓励更多外围社群成员参与，促进社群成员角色不断从知识浏览者向知识提问者或知识贡献者的转换。

（4）注重个人隐私保护。在社群中建立相应的用户个人信息保护机制，建立用户专属的私密空间，方便用户设置不同的信息公开机制，为用户建立一个社群信任机制，促进用户信息共享。如小米社区的《小米社区隐私政策》中明确规定社区如何收集、使用、披露、处理和存储用户使用小米社区时提供给的信息，并设立了个人信息保护专职部门。

二、增强社群成员的社群归属感

社群归属感是成员在社群中感知自我价值的一种心理状态，它能够使学习者在参与学习和讨论中感到社群带来的情感和学习的满足，并且促进学习者更积极地参与社群的各种活动，它是维系虚拟品牌社群发展和繁荣的重要因素。对于虚拟品牌社群，可以从以下几个方面增强成员社群归属感：

（1）对社群成员有价值的内容予以奖励。在参与社群讨论的时候，社群成员之间可以对各自发表的内容给予相关的评价，在讨论中对主题有贡献的成员可以加以激励并予以肯定，如在华为产品定义社群中对用户的建议帖子可以增加相应的智豆，以提高成员的满意度。在这个过程中，有一点需要注意的是，社群成员讨论或提供内容大部分最终不会被企业所采纳，因此需要在这个过程中给用户及时的反馈和相应的奖励，以维系用户的热情。乐高（LEGO）的做法是将用户的建议或创意放到其平台上让其他用户投票，若在六个月内投票数量超过 10 000，这个创意将进入产品开发流程的下一阶段，以此减少用户的抱怨或不满，同时企业也可以获得市场对该创意支持的相关信息。获得企业支持的创意，公司将给予一定的奖励，如在社群中予以展示、在公司活动中给予形象宣传等，从而逐渐形成一个赢者的循环（Bstieler 和 Noble，2023）。

（2）对社群成员提供切实的生活关心。在社群成员生日或重大节日时，对每位成员提供温馨的祝福，并允许成员之间以互送礼物的方式表示祝福，社群管理者可以在成员生日当天提供一些社群的特殊权限，比如赠送生日特殊勋章、开放一些更高权限的社群资源等。

（3）开设促进社群发展的专题圈子。经常在虚拟品牌社群中活动的成员，肯定会有对社群资源、相关功能设计和促进社群知识共享的相关建议，可以设置单独的模块，让成员表达自己关于社群发展的观点。社群管理者可以接受他们的观点并予以反馈，体现他们参与社群建设的主人翁精神。如在华为产品定义社区中设置了“新手学习与社区资讯”模块，用于发布社群资讯和新手学习，老用户带新手熟悉社群，大家友爱互助。该模块已经近 10 万回复数，包括新人报到、新手求助、经验分享、模块公告、新手活动等主题，方便用户对社群发展提供建议和获得相应的经验分享。

三、增强社群成员间的相互信任

社群成员之间的相互信任是成员进行知识共享的情感纽带，也是知识共享的先决因素，它能够使成员对整个社群产生情感依恋，减少对社群的不确定感和危机感。在虚拟品牌社群，可以通过以下几种方式来促进社群成员之间的相互信任：

（1）建立社群身份认证机制。用户以真实身份登录虚拟品牌社群，以真实的身份参与社群的互动。以真实的身份参与社群的活动可以拉近成员之间的距离，增强彼此之间的熟悉度。在社群中可以建立用户身份的认证机制，方便成员之间的身份认同。如得到平台中的“知识城邦”中发表和回复话题的经过平台认证身份的用户会有“V”标记，并且可以查阅到相应用户的学号、认证信息，如学号“172112694970”，认证信息为“＊＊＊有限公司创始人”。通过这样的身份认证和标签，强化用户对其发布内容的专业程度的认可和信任感。

（2）完善社群管理机制。通过高质量的管理机制确保社群中信息的有效性和可用性，如华为产品社区的《JDC-VIP 用户管理规定》，小米社区的《为 MIUI 庆生活动规则》等官方账号发布的相关规定。

（3）采用社群模块分类机制。针对成员之间共同的兴趣建立相应的讨论区或模块，方便对相同话题的用户进行集中讨论。如小米社区建立的“MIUI 综合讨论”模块，专门用于讨论关于 MIUI 的使用分享、更新体验，截至 2023 年 8 月 5 日，已经有超过 610.8 万条动态，入驻员工 1 103 人。

四、增强成员对社群支持度的感知

在虚拟品牌社群中，成员的主要目的是交流与分享对产品认知、使用的体验和得出改进的意见，进而与企业进行知识共创，开发出创新型的产品。在一个虚拟的环境中，成员对社群支持的感知会影响到用户参与社群活动的积极性。成员对社群支持度的感知和知觉对成员的知识共享的自我效能有很大的促进作用，并间接地影响到社群的知识共享。在缺少真实环境的虚拟品牌社群中，加强成员的感知程度能够对社群的发展提供很大的帮助。具体来说，可以从以下几个方面进行强化：

（1）提供个性化的指导和帮助信息，加强成员对社群支持的感知。

（2）在社群中提供多样化的知识转化工具，帮助成员实现知识的内化和外化。

（3）注重成员对社群的使用体验，让用户充分感受到社群对于用户的帮助。

（4）塑造知识共享和创新的社群文化氛围，加强成员参与社群知识共享的积极性。

（5）促进成员之间友好关系的形成，加强用户对社群关系的感知。

第七章 知识共创的企业实践

第一节　海尔虚拟品牌社群的实践

一、海尔虚拟品牌社群简介

1. 海尔简介

诞生于1984年的“海尔”，是海尔集团家电主品牌。传统工业时代，海尔以优异的质量和服务创建产品品牌，成为中国家电知名品牌，随着海尔全球化品牌战略实施，海尔连续10次蝉联“全球大型家用电器品牌零售量第一”殊荣，成为当之无愧的全球知名家电品牌。互联网时代，海尔创平台品牌，从传统家电企业转变为互联网企业，以人单合一价值引领为基础，通过“平台、小微”等组织结构变革，海尔实现了与上下游的关系从零和博弈变成利益共享共同体。

物联网时代，海尔从传统制造企业转型为共创共赢的物联网社群生态，率先在全球创立物联网生态品牌。现在的“海尔”在满足用户的最佳体验并与用户不断交互迭代的同时，构建了共创共赢的链群生态，实现生态圈内利益攸关方的不断增值。

作为全球生态品牌引领者，海尔的链群生态，从为用户提供有竞争力的家电产品，迭代到向用户提供成套的智慧家电产品，再迭代到向用户提供成套的智慧家庭解决方案，最终将给用户提供一个定制化的智慧生活方式。从海尔U+、COSMOPlat、大顺逛等全球平台横空出世，到以用户体验为核心全场景定制化“生活X.0”概念实现，艳惊四座，快速迭代升级的生态品牌开启了海尔新的历史篇章。海尔U+智能生活平台融合了全球资源的开放式生态系统，包括食联生态、衣联生态、住居生态、互娱生态等物联网生态圈，在各种智能家居生活场景中为用户带来前所未有的智慧家庭生活体验，满足了用户对理想家的美好憧憬。

目前，海尔的生态圈已经形成了雄厚的社群基础，2018 年，海尔智能产品的用户销量超过 2.1 亿台，实时在线用户数达到 2 800 万，顺逛平台网络触点达到 113 万个，链接了数亿的用户资源，海尔品牌生态收入涨势强劲，达到 151 亿元，同比增长 75%。在“万物互联”的物联网时代，以智慧家庭引领的海尔生态品牌将为全球用户带来越来越多的美好生活体验，成为全球生态品牌的引领者。

海尔在创新方面注重寻找用户的真正痛点，而不是基于产品功能创新的“伪需求”。利用用户思维，让用户参与新产品创新当中，解决了信息黏性的问题，让用户的需求得到了满足，从而提升了品牌的忠诚度和实现销售的飞速提升。

2. 海尔虚拟社群

海尔虚拟社群在互联网的迅速发展浪潮中应运而生。海尔社群是海尔官网旗下的用户交流体验平台，为用户提供海尔所有产品以及各种生活话题的讨论。社群拥有大量来自海尔官方以及海尔粉丝提供的关于海尔产品的测评、价格、性能、销售等相关话题内容，粉丝还可以在社群中提出自己的需求等。

目前海尔社群共有论坛、海星汇、活动、免费试用、服务台和海贝商城几大板块。在社群中交流的内容包括用户与用户之间，关于海尔产品问题的交流互动体验；海尔官方与用户之间，关于海尔产品的交流互动体验；海尔社群管理员与用户之间，基于用户各种生活交流、产品交流的互动体验。在论坛板块中主要是关于海尔产品的一些帖子，大家发帖时选择不同的领域发表自己的看法，包括一些建议和产品使用的反馈意见，以及一些新的需求等。其他用户和社群管理员以回帖的方式进行互动，发表自己的看法。

社群成员主要由社群管理员、海尔工作人员、意见领袖及普通用户四部分组成。管理员的主要职责为社群事务解决、网友问题解答、社群公告及版面内容、社群活动策划及执行等。海尔工作人员主要负责海尔产品问题解答、海尔产品评测、线上线下活动的组织等。意见领袖是从海尔社群用户中选拔的优秀人员，也就是领先用户，拥有意见优先采纳、新品优先试用、协助社群管理员的部分工作等权利。意见领袖按期评级，不达标者海尔社群有权撤销其意见领袖称号。社群的普通用户拥有在社群内自由交流、参加海尔社群组织的线上线下活动、获得社群发放的各种福利及提出意见建议等权利。

海尔社群的激励机制。凡是登录海尔社群者，均可获得一定的登录积分，累计登录天数越多积分越多。社群管理员将会对社群内的好贴进行加精华的奖励。社群的积分“海贝”可以在社群超市和某些活动中换取一定的实物奖励。社群的优质网友以及活跃用户，将会直接选拔为意见领袖。意见领袖在社群版块有领导带头作用，对海尔的各种线上、线下活动有优先参与权。社群将会不定期举行各种优质线上线下活动，邀请优质网友进行参与体验。

因此可以说，海尔把用户的参与感作为最核心的理念，通过各类社群平台的搭建，加上优质的内容、完善的激励机制以及企业内部资源的支持，已经把海尔社群打造成为一个通过互动实现用户深度参与价值创造的虚拟平台。海尔的天樽空调就是通过社群获得用户的创新需求而获得成功。

二、海尔虚拟品牌社群知识共创实践

在海尔虚拟社群中，用户参与产品创新的方式主要为发帖的方式，下面以例子的形式简单介绍在产品创新的不同阶段用户参与产品创新的过程和机制。

在产品创意与概念阶段，企业在社群发布创意的活动，如在社群发帖寻找针对宝宝衣物消毒而设计的迷你洗衣机的创意和想法。首先企业在社群发帖说出自己的想法，并提出几个关于针对宝宝衣服消毒的日常做法以及自己提出利用高温烫洗消毒做法的可行性，并向用户寻求对宝宝消毒洗衣机的创意和想法。为了吸引用户的积极参与，企业对其以海贝的形式进行物质奖励，奖励程度与用户的参与程度和提供信息的有效性和完整性有关，并对用户的抄袭信息和无效信息不予奖励。用户在看完帖子之后，基于自身的内在需求和物质奖励的吸引，利用自己关于这方面的知识进行回帖，提出自己的想法。企业会以回帖的方式在用户的帖子下面进行互动，深入了解用户的想法和意见，并整合用户的创意，加入新产品的开发中。

在产品测试与推广阶段，在海尔社群有服务台这一板块，主要内容是企业将新出的产品放到社群这一板块让用户申请试用。产品信息包括可申请的数量、已申请人数和收获报告。当用户对其申请产品有意向时可查看报告，报告中有产品介绍、试用报告、已申请名单、试用名单和已有的评价。用户申请试用之后可在社群中发表评论。企业会收集用户之间关于产品的讨论和评价，将用户反馈的信息进行整合给创新部门，改善其性能和提高产品绩效。

在产品设计和工程阶段，从海尔社群的帖子中发现企业在社群与用户的互动比较少，其可能有如下原因：

（1）在设计和工程阶段，产品创新需要有非常专业的知识，因为社群中的用户更多的是对产品的体验以及发展方向比较了解，而具有“设计”这种专业知识的人员很少，企业采取互动获得的知识的有效性和互补性不高。

（2）用户参与创新的意愿还与自身的创新能力有关，在产品的设计与工程阶段，其创新性难度太大，用户不愿花费太多的时间和精力去参与。

（3）一个企业的研发技术是其创新的核心，所以企业一般也不会透露太多，避免自己失去竞争力。

三、海尔虚拟品牌社群优化建议

海尔在用户创新的实践方面处于我国乃至全球企业前列，其注重用户创新需求和创新智慧的做法是其快速成长的一个重要原因。为了进一步利用社群进行创新，可以考虑从以下几个方面进行改善：

1. 持续完善虚拟品牌社群，为用户提供更多元参与途径

平台构建是制约用户创新和企业与用户互动的关键因素，一个完善的虚拟社群平台是促进用户参与创新的必备因素。用户的创新意愿受到自身能力的限制，所以在虚拟品牌社群中，应根据产品创新复杂程度进行分块，提供相应的技术支持工具箱，让具有不同创新能力的人都能参与到创新中。

2. 对虚拟社群的知识进行有效的管理

在社群中的每个用户都是一个知识库，他们以发帖、回帖等方式分享自己的知识，并且在企业给出一个想法的时候积极参与到讨论中，将个人隐性知识传递给企业。在海尔社群中，可以对用户的知识进行有效的管理，如将产品进行分类，用户可针对自己感兴趣的产品类型参与话题讨论，企业也方便收集用户的意见，这样可减少用户与企业参与创新的交易成本，增强创新意愿。

3. 完善用户创新激励惩罚政策,加大激励和惩罚力度

恰当的激励政策能够有效激发用户创新的意愿和能力。 在激励用户创新方面，海尔社群以用户发帖的信息质量高低来奖励海贝，并提高在社群中的等级。 但在一些回帖中可以看出，大多用户的回帖是无效的，但是社群并没有做出相应的惩罚措施。 加大激励和惩罚力度能有效地避免社群用户的搭便车行为，并激发用户参与的意愿，对于企业来说也可以节省知识整合所花费的时间和精力。

4. 增强社群成员的归属感

虚拟品牌社群的核心就是社群用户，当用户对该社群产生依赖时，成员会反复浏览该社群，并会正面宣传给其他人，增强社群的氛围，积极引导成功的讨论能加强用户对社群的认同感，增强社群情感，从而提高创新意愿。

5. 组织学习

提高用户创新绩效很重要的一个方面是如何促进用户学习，从而提高用户的专业知识和创新能力。 为了促进用户学习，可以采取如下措施:

（1）通过用户创新平台实现知识共享，为用户提供必要的创新基础知识，针对用户的留言和问题给予用户相关专业指导和建议，帮助用户解决创新工作中出现的问题。

（2）设立用户创新知识库，通过与用户的互动及时更新和丰富知识信息，并通过社群专家对知识进行妥善分类管理和检索，以方便知识共享和用户搜索。

（3）针对领先用户以及潜在的领先用户，进行专业领域知识培训，强化领先用户的专业知识水平，提高其创新能力，促进用户角色转变，从而提高整体知识水平。

第二节　得到平台的实践

一、得到平台简介

得到 App 发布于 2016 年，是思维造物公司的产品之一。 思维造物是一家从事“终身教育”服务的企业。 公司在线上，通过“得到”App、“罗辑思维”微信公众号等平台，在线下，通过“得到高研院”“时间的朋友”跨年演讲等形式，为终身学习者提供通识教育及技能培训服务。 公司主要产品形式包括在线音视频课程、听书、电

子书、实体图书、线下课程及其他周边产品。

通过自有平台“得到”App 向用户提供线上知识服务，以“课程”“每天听本书”“电子书”等知识产品为主要交付形式。此外，公司还通过“得到”App 为用户提供了知识搜索、知识城邦社群、直播授课、个性化推荐等功能内容。

在线课程是公司提供线上知识服务的主要产品，课程研发以“通识性”和“完备性”为指针。在通识性方面，公司要求课程既能让专业用户有所启发，也能给跨界用户带来收获。在完备性方面，公司要求课程体系能覆盖应用技能、商学、人文社科等领域。

“每天听本书”为用户提供书籍的解读服务。解读对象包括传统经典和最新著作。公司邀请各领域的专家学者作为解读人，用 20～30 分钟讲述书籍精华，并提供延展性的相关知识。“每天听本书”以音频为交付形式，同时配备转述文稿和思维导图。

电子书是公司为用户提供的精选阅读产品。公司与出版社、版权公司或作者个人合作，为用户提供线上阅读解决方案。付费方式包括单本电子书购买或会员订阅。订阅方式下，电子书会员在会员期内可以阅读书库中主要书籍。截至 2020 年 3 月 31 日，电子书库包含书目近 3 万册。公司通过自研的电子书全文检索引擎技术，帮助用户将海量文本内容变成个人知识搜索库。

“得到锦囊”是公司为用户提供的解决方案型产品。该产品通过问答的形式，为用户提供应对真实世界、真实挑战的知识。“得到锦囊”集结各领域专家组建专家委员会，目前已涵盖商业、职场、教育、健康、心理等领域。

公司还为用户提供“罗辑思维”“邵恒头条”等免费产品。“罗辑思维”是一档知识脱口秀节目，向用户分享每日学习的新知。“邵恒头条”密切关注全球热点大趋势、大人物、新思想及新现象，为用户拓宽视野、增长见识。

得到平台主要包括得到网页版和“得到”App 如图 7.1 所示。

图 7.1　得到平台和“得到”App 首页

在平台的内容生产上，得到与其他知识付费平台最大的区别在于其内容生产方式是典型的 PGC 模式（专家生产模式），而非知乎、喜马拉雅 FM 等平台所广泛采取的 PGC＋UGC 模式（专家生产＋用户生产模式）。在得到平台上，知识生产者本身就是行业内的专家学者，具有一定的资历和知名度，他们受邀入驻平台并推出相关知识付费产品。得到十分重视作者的收入，这一点从得到的价值主张中可以体现：“我们合作的产品和合作的方式，能够帮助老师持续获取一个高级的知识工作者应该获取的收入”。因此在得到上，知识的传递方面是由生产者主导的。而在 PGC＋UGC 模式下，知识付费产品既有受平台邀请入驻的专家学者推出的产品，也有用户通过自媒体推出的产品。虽然在如今自媒体不断发展的环境下，用户既可以是内容的消费者，也可以是内容的生产者，这极大提升了人们对于内容生产的热情，因此 PGC＋UGC 会是未来内容生产的大趋势。但是针对知识这一特殊的内容而言，产品需要满足用户的功能性需求而非娱乐性需求，因此作者的知名度和权威性是产品价值的保障，从这一点上来看，得到所采用的 PGC 模式使产品的价值从根本上得到了保障，同时帮助用户节省了筛选产品的时间。但这样也抑制了产品的多样性，满足不了对小众知识有需求的用户，同时过高的进入门槛阻碍了大量尾部的中小型生产者，作为行业的头部平台，这样的做法不利于引导知识付费行业整体的进一步发展。

在具体的生产过程中，得到并不像传统平台一样只在生产者与消费者双方之间发挥中介作用，而是以合作者的身份全程参与产品的生产，做到“产销合一”。得到在作者入驻之前便会和作者讨论产品选题的可行性以及课程安排等事项，后续还会提供设备、场地和交通等支持。在产品完成之后，得到还会对产品进一步完善和包装，除此之外还会提供营销支持，帮助作者打造个人 IP。这一点最直观的体现在于，得到平台上的产品通常以“作者姓名＋课程名称”的方式命名，并在 App 首页榜单上推荐，这一点会在后续课程编制的内容中详细阐述。

在线课程是得到最主要的产品，而对于有声读物和电子书一类的产品，得到会通过购买版权的方式使其成为平台内容的一部分。同时得到也参考了其他典型的 UGC 平台（如微博）打造了“知识城邦”板块，发挥了普通用户的内容创造性。用户之间的问答、学习笔记会留存在平台上，这些也都是有价值的内容。

综上所述，在内容生产模式方面，得到平台的产品坚持走“精品”路线，不仅反映在得到对于入驻平台的作者有较高的要求，更反映在得到突破了第三方平台的身份参与到产品的生产中，在作者完成主要内容的编撰和录制的基础上对产品进一步完善，并在多方面为作者提供支持。因此从产品的内容生产方面来看，得到充分发挥了知识付费平台的辅助生产职能。

二、得到平台的知识共享实践

目前得到平台上的产品以音频类和电子书类的知识付费产品为主，包含在线课程、听书、电子书、锦囊等内容，另外还有训练营、得到高研院等其他知识付费产品。

1. 在线课程的知识共创

得到的在线课程是其最主要的知识付费产品，自推出之后便以优质的内容广受好评。《思维造物 IPO 招股说明书》中的数据显示，自 2017 年以来，每年在线课程产品的营业收入占比都达到了得到平台总收入的 70%以上，是得到核心竞争力的来源之一；另外，在线课程也是整个知识付费产业中最广泛的产品形态，其知识共创的机制可以对知识付费产品总体提供参考。

得到独特的课程编制体系是其优质内容生产的保障，得到的在线课程以音频类课程为主，后续会陆续加入视频类课程。整个课程的编制过程为：确定作者—共同选题—创作内容—录制音频—课程上线。

（1）确定作者。在线课程的作者来源于以下两种渠道：一种是得到分析平台中产品的构成，规划目前平台所需课程所涉及的领域，并以此寻找各领域的专家学者，邀请他们入驻平台并进行课程的编制；另一种则是作者采取自荐的形式，将内容文稿发送给得到平台，由平台最终确定是否采用。在确定作者后，得到会派出专职编辑与品控团队配合作者进行课程的编制。

（2）共同选题。在课程作者选定之后，得到便开始和作者敲定具体课程的题目。得到上的课程按内容大致可划分为三大类：①自我提升类，包括但不限于关系处理、形象打造、演讲、写作等方面，目的在于指导用户更好地和社会接触；②视野提升类，包括但不限于人文、社会科学、自然科学、商学等，目的在于扩大用户的认知范围，多方面了解世界；③其他值得推荐给用户的、有价值且成体系的知识，在此基础上根据课程作者的专业领域和市场需求确定课程的内容范围并确定题目，最终确定的题目通常以“作者名·课程主题”的形式命名。

（3）创作内容。在课程内容的具体创作中，得到提出了 4 个要求：有货、能听懂、不求全和有方法。“有货”即课程在学习后可以发展为个人技能，能指导学员解决实际问题；“能听懂”即课程中要避免出现复杂的理论和冗长的公式，尽量让知识贴近日常的工作生活；“不求全”即内容不需要面面俱到，但是有价值的核心知识和观点需要讲透；“有方法”即在说明问题后要提出解决方案，不能让课程内容最终变成内容推介。在内容结构上，产品总时长不等，涵盖 10 节课以内的小课到 300 节课以上的大课。因为涉及用户随机试听的机制，需要保证单节课的学习效果，所以每节课的内容要相对独立，以单独解决一个小问题为课程导向。每节课的文稿控制在 2 500～4 000 字的区间内，这样后期音频录制的时长能控制在合理的单节 10～15 min。

（4）录制音频。在内容的文字稿编写完成并通过平台审核后，便需要将文字稿转化为最终的音频课程。音频课程的内容以文字稿为基础，但是在具体内容上和文字稿有所区别。《得到品控手册 9.0》中明确指出，“音频课程”是“得到”课程产品的一个重要交付形式。和视频课、线下课等形式不同，用户在学习音频课时看不到老师的表情和肢体语言，也没有文字和图片等形式辅助。老师录制的课程音频质量好，才能让用户听得轻松，理解得准确，有获得感。在录制过程中，主编要全程陪同，充当声音导演的角色，及时给老师反馈和建议。为耳朵做的课，需要从几个维度来做，包括文稿、声音场景、话语样式、音色音域、语义语调重音节奏等。

（5）课程上线。音频课程录制结束后则进入上线前的最后准备，《得到品控手册 9.0》中列出了上线检查清单内容，总结如下：①音频校对；②文稿排版；③课程封面、课程表、分享图等图片素材；④主讲人头像和简介；⑤课时目录。上线后，得到还会邀请作者共同进行日常的留言管理，回复用户最关心的问题，并做好作者直播互动的时间安排，以达到产品对用户的价值最大化。

从以上流程可以看出，在在线课程的编制过程中，共同选题、创作内容、录制音频都涉及作者与平台共同的劳动成本投入和少量的资金成本投入，其中作者作为内容的主要生产者，平台作为辅助生产者，共同促使了产品价值的形成；而与此同时，在线课程的使用价值也随之形成，课程可以通过被学习而实现价值，但是此时的使用价值并不是最终的使用价值，因为课程还没有交付给用户。为了最大化在线课程最终的使用价值，即用户层面的用户感知价值，平台在内容创作和录制音频的过程中尽量采用广大用户乐于倾听、易于接受和使用的表达方式来提升产品的易用性。课程上线前的最后准备工作可以使用户感知到产品的完整性，从而提升课程基本价值以外的附加价值。如《周之江·安神晚课》是目前得到唯一一门 365 天不停更的读书专栏，在一年的每一天，准时为用户讲书。它是一门特别应景的课，课程书单不是提前定好的，而是每周根据用户关心的话题，随时制定。课程老师会随时看得到用户的留言，根据留言找到热门话题，找到相关的好书。课程讲的这个书单，或者说该课程就是购买该课程的所有用户共创出来的。

2. 得到社区中的知识共创

根据 2023 年 5 月发布的《得到品控手册 9.0》的描述，“得到”的社群活动，必须包括三个要素：定义新问题、扩展新资源、交付新产品，以期实现知识生产的闭环。比如，设计一个企业参访活动，重点不在于参访本身，而是要问：该活动定义了什么议题？巩固和扩展了什么样的关系？对参访对象有何价值？产生了什么样的知识产品？该知识产品用什么方式发布？谁会因为这个知识产品而被激发，被“点亮”？

目前，课程的评论系统和知识城邦是两个重要的社群。知识城邦相当于得到的社群，用户学习课程时所写的课程笔记，将会同步到知识城邦，从而实现和其他用户的交流分享。知识城邦同时又是一个有效的用户留存和促活的手段。喜欢分享的人可以通过这个渠道获得评论点赞、关注等社交奖励，从而进一步激发他们贡献优质内容的积极性。此外，知识城邦也能促进用户转化。用户在知识城邦内分享的课程笔记，会引起其他用户对相应付费课程的兴趣，从而扩大付费课程在平台内的传播力度，吸引用户购买。

评论系统是目前内容平台的核心功能之一，包括点赞、评论、转发、收藏等功能，最早活跃于各大社交平台，后来被内容生产平台广泛采用。评论的核心在于互动并由此产生价值，随着时间的推移，用户评论逐渐成为平台内容的延伸，甚至优秀且有吸引力的评论区会成为平台一大特点，如网易云音乐便以优质的评论吸引了大批用户。

得到平台同样具有强大的评论系统，在在线课程、听书、电子书等各类知识付费产品中均开设了评论区。但是作为 PGC 模式的知识付费平台，得到的评论区有其自身的特点：

（1）效率性。评论区为知识和价值服务，平台在管理评论区时，会优先为用户展示高赞且与本产品内容高度相关的评论，这样一方面能更有效地为用户带来最有价值的内容，提升用户的学习效率；另一方面可以作为产品简介的补充，新用户在试听的几节课内可以查看课程的用户评论，这些用户评论会为后续的购买决策提供参考，这一点与注重娱乐和社交属性的 UGC 平台评论区存在很大不同。

（2）作者主导性。平台赋予作者管理用户评论的权力，作者可以把优质且相关性高的评论显示，也可以将相关性不高的评论隐藏，因此用户只能看到由作者筛选后的“精选留言”。这样重效率的形式符合得到以知识为核心的产品理念，保障了产品的口碑与质量，但是人为地将负面评论隐藏可能会误导潜在用户对产品价值的判断。

根据价值共创理论，消费者对产品价值的创造在于消费后的反馈，这样的反馈可以是消费者向生产者传达对产品内容的改进意见或是针对产品内容的提问，也可以是消费者与消费者之间针对产品内容的讨论。得到的评论系统又具有强烈的价值导向性，甚至在得到平台中，一部分优质评论和相应作者的回复会被汇总编辑为“学员问答”，作为在线课程中的一部分内容。因此得到的评论系统不仅是用户与作者彼此之间交流的平台，更是产品增值的渠道。

得到的评论系统所产生的价值大部分来源于用户感知价值的提升，小部分来源于额外内容的产出。虽然用户作为知识接收者，相较于作者而言，内容生产能力有限，但是得到可以在保持用户感知价值的基础上鼓励用户参与课程的评论互动，充分发挥用户的内容创造力，提升产品的综合竞争力。

得到非常重视用户评论对于在线课程价值的贡献：①课程完结前与完结后的区别定价体现出，得到认为课程更新中的用户评论是有价值的内容；②每周会有固定的问答课程解答用户疑问，在提升用户感知价值的同时完善课程内容；③作者和平台会吸取用户意见，不定时推出原计划课程以外的“加餐”课程，弥补原有内容在编制之初的不足，在适当的时候对课程内容进行更新，并通过平台唤醒用户重新学习，温故而知新。

第三节　华为产品定义社区的实践

一、华为产品定义社区简介

华为产品定义社区（华为 JDC，jdc. huawei. com）是由华为技术有限公司创建和维护的网络虚拟社群，用来收集社群用户对华为产品的改进建议和需求。华为 JDC 是一个知识型社群，是华为产品用户、行业专家与华为专家之间交流的互动平台，是用户反馈华为产品体验、提出产品改进建议与新需求的便捷渠道。社区首页如图 7. 2 所示。

JDC 作为华为产品用户、行业专家与华为专家之间交流的互动平台，是用户反馈华为产品体验、提出产品改进建议与新需求的便捷渠道，全社区共有上千名各行业专家和华为专家，用户可以将自己的想法和建议与华为专家沟通交流，为华为产品提供创意。

华为产品定义社区是面向华为客户的社区，用户主要来自运营商或企业网的安装、操作、使用、维护华为设备的客户。社区主要用于高效收集各运营商/企业网客户的反馈，如：用户在社区上提出产品改进、优化建议；华为专家在社区上面向社区所有用户发布各类话题，同时使用社区虚拟货币给予有价值回帖用户以合适奖励等。

图 7.2　社区首页

JDC 根据华为产品以及行业热门话题，组建了多个“圈子”，用户可以选择自己感兴趣的话题加入不同的“圈子”，参与互动，对华为产品提出需求。社区用户在提出产品建议，与华为专家的沟通交流中，个人专业技术和知识面会不断扩展和提升，结交到越来越多的志同道合的朋友。完成签到、发帖、回帖、发问鼎帖，全勤任务就可获得活跃值。进入社区后，找到适合自己的“圈子”，申请加入就可发帖、回帖和其他同行进行交流。注意：“圈子”分为公开圈和私密圈，私密圈需要提交审核，通过后才可加入，具体操作方式如图 7.3 所示。

社区的壮大与发展离不开用户的支持与帮助，对于表现优秀的用户，社区设置虚拟货币奖励、荣誉勋章、物质奖励和加盟社区团队等多种方式的奖励和激励。用户在社区所获得的贡献值可以在社区贡献商城兑换礼品。JDC 为回馈粉丝对社区的贡献和支持，会根据用户的活跃值和优质内容，奖励不同数量的智豆，相应数量的智豆可以兑换社区商城中的对应奖品，社区商城每天都有数百名用户来兑换各种华为产品。社区兑换区如图 7.4 所示。

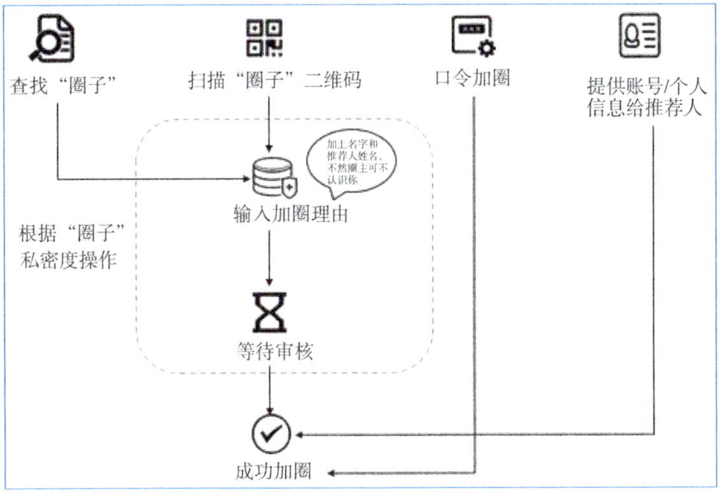

图 7.3　华为产品定义社区操作方式

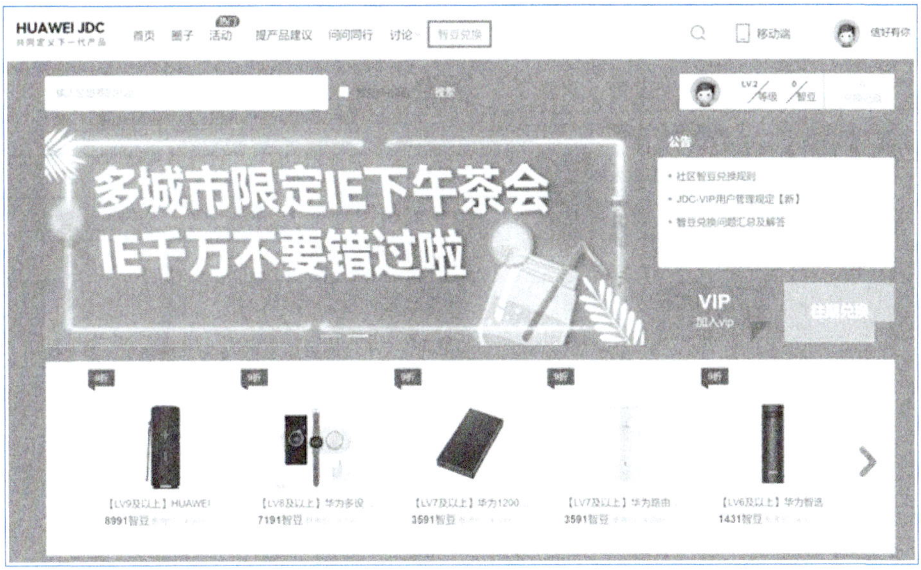

图 7.4　社区兑换区

二、华为产品定义社区知识共创实践

华为产品定义社区为用户提供了一个相互交流与学习的平台，社区内容则是由“花粉”成员创造。社区通过相应的激励政策，号召和引导成员参与社区的内容共创。社区除了为产品用户提供交流与学习的平台之外，承担的另一重大功能则是邀请用户参与产品的研发与升级，为品牌与用户之间架起了一座沟通的桥梁，以便产品开发人员能够更好地获取来自产品用户一线的反馈与建议。为更好地运营社区，社区制订了相应的管理规定，主要包括《华为产品定义社区基本管理规定》《华为产品定义社区会员管理制度》《社区智豆兑换规则》等。

1. 基于“圈子”的知识共创

华为产品定义社区提供 29 个“圈子”，用户可根据“圈子”的不同自由加入，在“圈子”中浏览已有的帖子、发布新帖和回复帖子。“圈子”主要包括行业数字化、产品与解决方案、创新技术和共创社区，截至 2023 年 8 月 4 日，各“圈子”相关数据见表 7.1。

表 7.1 社区圈子基本数据

类别	圈子	成员数	主题数	人均主题数
行业数字化	运营商综合业务圈	68 185	14 147	0.21
	教育行业圈	17 580	4 808	0.27
	医疗行业圈	18 134	6 159	0.34
	制造行业圈	17 108	17 056	1.00
	电力行业圈	9 396	10 143	1.08
	金融行业圈	12 742	10 611	0.83
	交通行业圈	79 154	24 514	0.31
	石油石化行业圈	9 091	13 346	1.47
产品与解决方案	网络能源圈	80 391	6 932	0.09
	数据中心能源圈	9 933	8 739	0.88
	创新数据存储圈	29 010	12 037	0.41
	智能视觉创新圈	381	205	0.54
	无线业务圈	129 867	11 296	0.09
	企业网络圈	14 709	9 419	0.64
	网络智慧大脑——NCE 圈	4 605	6 522	1.42
	网络自动化 & 数字化圈	910	217	0.24
	云核心网业务圈	7 061	4 939	0.70
	传送圈	14 407	5 951	0.41
	智能网络圈	28 498	5 388	0.19
	企业传送与接入圈	669	161	0.24

续表

类别	圈子	成员数	主题数	人均主题数
创新技术	新能源汽车圈	1 580	167	0.11
	机房建设圈	1 599	8 491	5.31
	家庭网络 SmartWi-Fi 圈	95 285	16 286	0.17
	HMS Core 移动开发圈	8 621	456	0.05
	园区基础设施圈	1 369	26	0.02
	企业用户产品建议圈	110 908	2 431	0.02
共创社区	新手学习与社区资讯	246 987	16 348	0.07
	华为 WeLink 用户圈	4 143	59	0.01
	HVCIE Rocks	13 410	241	0.02

以教育行业圈为例，此圈为教育行业用户交流天地，涵盖智慧教育、教育城域网、一流学科计算平台等。截至 2023 年 8 月 4 日，该“圈子”回复数为 21 854，主题包括华为专家有奖话题、颁奖晒奖、产品建议、“圈子”公告及活动、业界资讯、求助提问、展会直通车等，如图 7.5 所示。

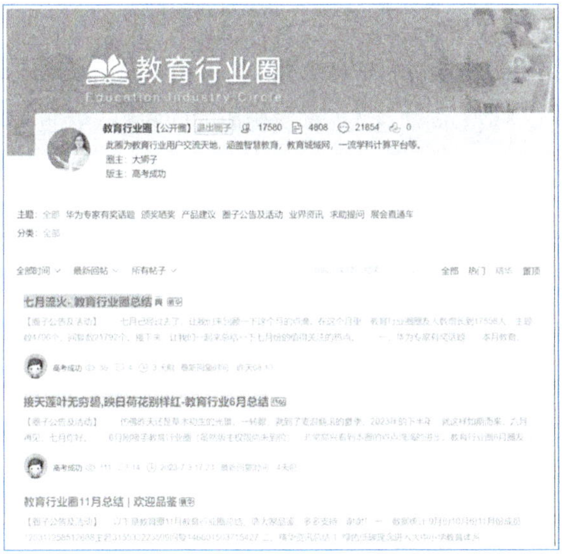

图 7.5 教育行业圈首页

帖子“教育行业圈 11 月总结 | 欢迎品鉴”对 2022 年教育圈 11 月教育行业圈进行总结，对三个月的成员、主题及回复情况进行了总结，并列出了精华资讯。“产品建

议贴总结”对教育行业的产品背景、产品问题、产品建议进行了总结，并给出了相应的解决建议，如“建议可以就具体项目/需求场景、遇到的问题痛点、具体要求、想要的效果，与我们当地服务代表沟通，看看是否能提供合适的解决方案”等。

2. 基于产品建议的知识共创实践

在提出产品建议栏目，用户可以按数字能源、数据存储、云核心网、家庭网络 Wi-Fi、数据通信、智慧园区、行业数字化需求等主题提出产品建议。对于产品建议其他用户，可以选择赞同、不赞同、围观，如图 7.6 所示。

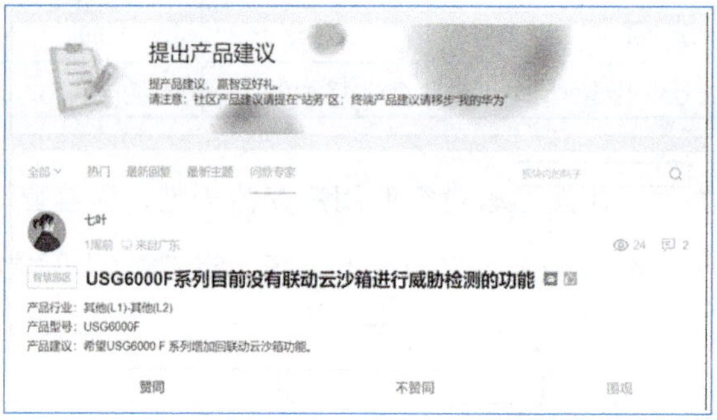

图 7.6　提出产品建议操作界面

对于优秀的建议将被作为问鼎专家帖子，后续将作为产品的改进建议提交给产品专家，如图 7.7 所示。成为问鼎达人，多次优质的问鼎帖，并且得到专家认可，就会登上社区的特殊奖励——问鼎红人榜（社区奖励不同数额智豆）；社区对于表现优秀（可以提供优质产品建议）的社区用户，还会邀请其参加定期由社区举办的华为专家、同业专家线下沙龙。

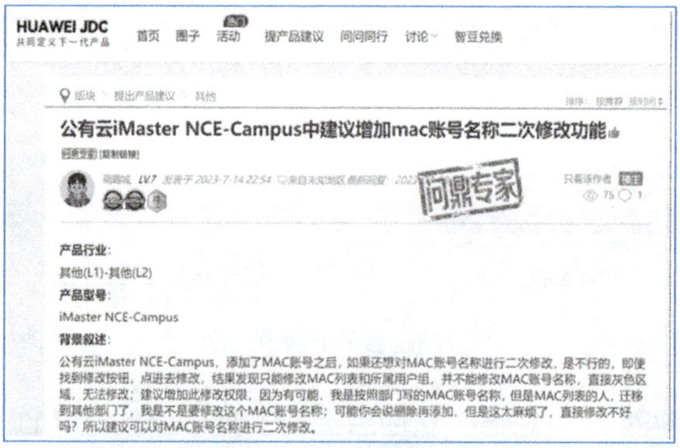

图 7.7　问鼎专家帖子

第八章 知识共创研究总结与展望

第一节 知识共创研究总结

当今世界处于百年未有之大变局，企业面临大数据、人工智能、区块链、边缘计算等新兴信息技术的挑战，数字化转型已经成为时代的趋势。当今世界，信息技术创新日新月异，以数字化、网络化、智能化为特征的信息化浪潮蓬勃兴起。

数字化时代跟以往完全不一样，它以前所未有的速度，把三件事情的时间周期变短。一是企业的寿命。一个企业从 0 到 1、从 1 到 N 这个速度变得非常快。如世界 500 强当中，小米进入世界 500 强的时间只花了八年。二是产品的生命周期变短。我们以前做一个产品可以让顾客用好多年，但今天这个产品如果加上智能和数字，就会发现，必须有更快的时间来迭代。三是争夺顾客的窗口期在变短。这个窗口期一直在缩短，所有行业和企业都要接受时间轴变短这个事实。

本书从时代发展演变的趋势出发，对知识共创的理论进行了探讨，并基于虚拟品牌社群的视角进行了详细的分析，最后结合企业的实践对知识共创的理论进行了检验。通过理论分析和案例研究，得出的主要结论如下：

（1）知识共创是一个由知识共享、知识学习、知识组合和知识创造四个阶段组成的循环链。数字化时代，企业与用户的交互环境发生了深刻的变化，知识共创成为用户与企业双方通过不断互动、交融，双方知识不断共享、学习、组合和创新的循环演进过程。对知识共创的研究包括基于创新社群的视角、基于新产品开发的视角以及基于用户知识管理的视角三种不同的视角。本书结合SECI知识转化模型的四个环节，将企业与用户知识共创过程视为一个由知识共享、知识学习、知识组合和知识创造四个阶段组成的循环链。

（2）虚拟品牌社群是一个知识共创“场”。虚拟品牌社群的用户从边缘性参与逐渐从社群的边缘地带走向中心地带，最终实现完全参与。社群的新成员在掌握了社群内的陈述性知识和基本的社群规则之后就可以开始获取社群的知识，同时，新成员通过不断的参与，转变为高级初学者，最后成为称职成员。社群中的领先用户产品知识丰富，创新意识和创新能力高，同时在虚拟品牌社群具有较高的影响力，能够很好地带领其他用户，也是积极与企业进行互动、帮助企业进行产品创新的群体。社群中用户通过不断的知识共享，不断地创造新的价值。

（3）企业是知识共创的先行者和实践者。知识共创一方面需要用户的积极参与，另一方面更需要企业通过创建自己的虚拟品牌社群，让用户不断参与产品的创意、产品的设计，最终成为产品的消费者。知识共创的企业实践给理论解读提出了新的要求和挑战。通过海尔和得到的案例，进一步理清了知识共创的过程机制，也看到了值得进一步研究的问题。

第二节　知识共创研究展望

知识共创是企业与用户通过互相启发、激励，共同构建和发展新知识的过程。知识共创需要对用户的知识和企业的知识进行有机融合，融合知识的前提是需要用户和企业共享相关知识。知识共创是一个复杂的过程，需要考虑企业内部环境、外部环境等各种因素。在知识共创进行的过程中，每一阶段都有要解决的问题和影响共创成功的关键因素，这需要通过整合内外部资源、利用各种知识和技能进行新知识的生产。

在知识共创过程中企业作为知识提供与使用方，需要具备相应的能力来支持知识共创。用户在知识共创过程中一方面需要不断搜索企业相关的知识，并对相关知识进行学习，同时通过企业提供的各种交互平台与企业进行互动。

本书的研究只是对知识共创的过程进行了一定程度的理论探索，基于虚拟品牌社群进行了初步的研究。研究的数据还比较少，案例不多。未来的研究可以通过大数据技术采集企业创新社区的相关数据、企业公开的报告、年报数据，同时通过合作企业提供的数据获得用户数据和企业数据。基于这两类数据，从企业与用户知识共创的特性分析出发，构建影响知识共创的三维交互影响因素模型，同时采用结构方程模型对影响因素模型进行实证分析；通过采集的数据，详细分析企业与用户知识共创的动态运行机理，构建知识共创的动态演化过程模型；在此基础之上，利用委托－代理模型，并通过博弈仿真分析方法进行多维引导机制设计。未来进一步研究的框架如图 8.1 所示。

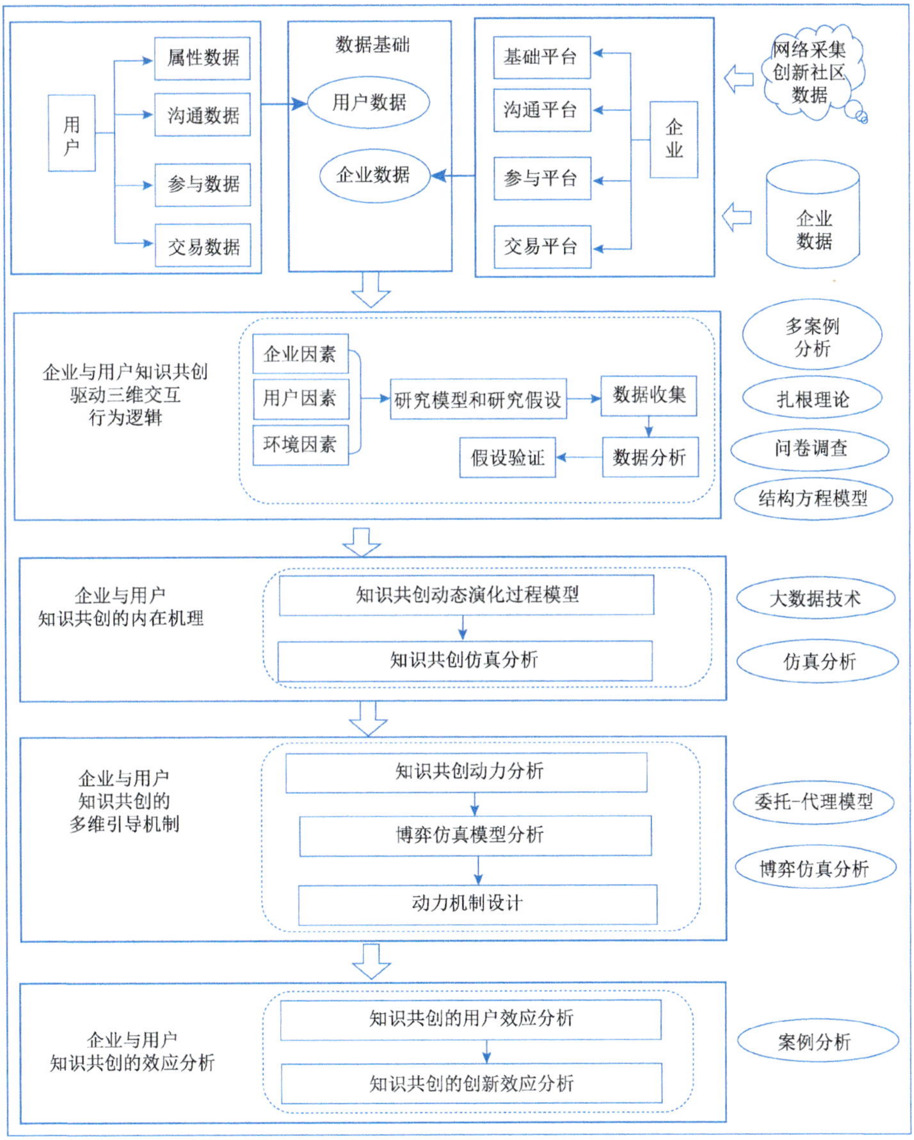

图 8.1　未来研究框架图

未来的研究可以进一步分析用户与企业知识共创的驱动和影响因素、知识共创的过程机制、知识共创能力的构建，从而发现知识共创的规律，促进知识创新。一方面，为企业加强与用户的互动、设计知识共创策略提供管理建议；另一方面，激发用户参与知识共创的内生动力，满足用户对新知的追求。未来的研究可以从以下四个方面来展开：

一、企业与用户知识共创的三维交互行为逻辑

知识共创是企业和用户通过互相启发、激励，共同构建和发展新知识的过程。知识共创需要有机地融合企业的知识和用户的知识，而融合知识的前提是需要企业与用户共享相关的知识，并达成共识。本部分对可以下问题进行研究：

1. 知识共创的主体知识特性分析

知识共创包括企业和用户两个主体，由于用户拥有与企业不同的异质知识，也是创新知识最重要的来源之一，该部分详细分析参与知识共创的用户知识及其特性、企业所拥有的知识及其特性、双方共同创造的知识及其特性。

2. 影响知识共创的企业因素分析

企业创新的根本动力来自对利益的追求和创新主体的创新意识及创新精神，还包括创新文化和团队精神。从企业层面来看，企业进行知识共创的根本动力是追求超额利润。一方面，分析知识共创的利益驱动因素，研究企业战略对知识共创的影响。同时关注数字化技术的发展对企业知识共创的影响。另一方面，在知识共创过程中企业作为知识提供与使用方，需要具备相应的能力来支持知识共创，因此需要企业进行知识共创能力的构建，拟从知识分享能力、组织学习能力（吸收能力）、知识组合能力、知识创造能力等方面展开分析。

3. 影响知识共创的用户因素分析

从用户层面来看，自我需求的不断满足是用户持续参与共创的动力机制。用户在知识共创过程中需要不断搜索企业相关的知识，并对相关知识进行学习，同时通过企业提供的共创平台与企业进行交互。一方面，用户参与知识共创的内在动力是最重要的驱动力，因此需要分析用户参与知识共创的动机；另一方面，在企业共创中需要用户有相应的知识共创能力，拟从用户的知识搜索能力、知识共享能力、个体学习能力

和知识创造能力对知识共创的影响进行分析。

4. 影响知识共创的环境因素分析

为了促使知识共创行为的发生，企业需要为用户提供知识共创的平台以及相应的技术支持，企业的技术支持一方面能够降低用户参与知识共创的难度，另一方面能够体现企业对用户知识共创行为的重视度和认可度。此部分主要分析数字化技术对知识共创的影响。

基于前述分析，分析制造企业、用户与环境之间的交互行为逻辑。通过多案例分析并结合扎根理论构建知识共创影响因素概念模型，并提出相应的研究假设。通过问卷调查数据和大数数据技术采集的数据进行假设的验证，从而得到影响知识共创的关键因素。

二、企业与用户知识共创的内在机理

企业与用户知识共创过程中，从个体到团队都是知识在知识共创主体间的知识螺旋，且从企业与用户的创新想法、概念到各个业务环节等也都是知识在知识共创过程的知识螺旋。企业与用户知识共创过程可以被视为一个由四个阶段组成的循环链，四个阶段分别为知识共享、知识学习、知识组合和知识创造。

可以从知识共享、知识学习、知识组合、知识创造的四阶段构建知识共创的动态演化过程模型，从而对企业与用户知识共创运行过程进行详细分析。可以从以下几个方面继续深入进行研究：

（1）企业与用户之间的知识共享。主要探讨在知识共创平台（主要指企业建立的创新社区）中用户与企业进行知识共享的主要途径、共享的知识内容等。

（2）企业的组织学习与用户的个体学习。主要研究企业和用户如何学习知识共创平台所分享的知识。

（3）企业知识组合与用户知识组合。主要研究企业与用户如何将新增知识与已有知识进行组合，并内化为组织或个体的知识。

（4）企业知识创造与用户知识创造。主要研究企业与用户通过互动交流创造新的知识的过程。

三、企业与用户知识共创的多维引导机制

从企业和用户两个不同的视角，分析制造企业与用户知识共创的动力机制，从而

逐渐形成知识共创的网络，最终形成企业与用户知识共创的可持续发展的生态系统。可以从以下几个方面继续深入研究：

1. 企业与用户知识共创的动力分析

社会交换理论认为人际交往在本质上是一个社会交换的过程。知识共创也可以看作是企业与用户的一个社会交换过程。基于社会交换理论，结合前面的研究内容，通过分析用户在共创平台的行为，采用委托－代理理论，从利益机制、风险公担机制和合作创新机制等三个方面建立制造企业与用户知识共创的激励机制模型，进行仿真分析后对仿真的结果进行分析。

2. 企业与用户知识共创的机制设计

根据仿真结果，一方面设计用户参与知识共创的内生动力的激发机制，另一方面，通过设计适当的外部的激励措施激发用户的参与。本部分主要研究如何通过完善相关的促进策略，推进企业与用户知识共创的持续进行。本部分将从知识共创主体、知识共创客体和知识共创环境三个方面提出相应的促进策略。

四、企业与用户知识共创的效用分析

通过知识共创，一方面对用户的知识水平提升会产生影响，同时也可以带来对企业绩效的影响。可以从以下几个方面继续深入研究：

1. 知识共创的用户效应分析

主要分析企业与用户共创的知识对用户和产品的接受度、用户自身知识水平提升的效应。

2. 知识共创的创新效应分析

主要分析企业与用户共创的知识对企业的创新产出，包括市场和财务绩效两个方面的作用。

知识共创的研究还可以考虑将用户和企业生成的大数据看作是一种数据资产，从而从资产以及知识交换的视角进行深入的分析。

知识共创被许多公司作为一种流行的工具来加强它们的创新活动。在实践中，实现共创的承诺是一项充满挑战的任务，充满了潜在的失败。通过清楚地了解知识共创的性质、挑战和相应的解决方案，企业更有可能达到创新和可持续发展的目标。

参考文献

ABBATE T, CODINI A P, AQUILANI B, 2019. Knowledge co-creation in open innovation digital platforms: processes, tools and services[J]. Journal of Business & Industrial Marketing, 34(3): 1434-1447.

ACHARYA A, SINGH S K, PEREIRA V, et al, 2018. Big data, knowledge cocreation and decision making in fashion industry [J]. International Journal of Information Management, 42: 90-101.

ALGESHEIMER R, DHOLAKIA U M, HERRMANN A, 2013. The social influence of brand community: evidence from european car clubs [J]. Journal of Marketing, 69(4): 19-34.

AL-ZU′ BI Z M F, TSINOPOULOS C, 2012. Suppliers versus lead users: examining their relative impact on product variety[J]. Journal of Product Innovation Management, 29(4): 667-680.

ATUAHENE-GIMA K, SLATER S F, OLSON E M, 2005. The contingent value of responsive and proactive market orientations for new product program performance[J]. Journal of Product Innovation Management, 22(6): 464-482.

BAGHERI S, KUSTERS R J, TRIENEKENS J M, 2019. Customer knowledge transfer challenges in a co-creation value network: toward a reference model [J]. International Journal of Information Management, 12(47): 198-214.

BAGOZZI R P, DHOLAKIA U M, 2006. Antecedents and purchase consequences of customer participation in small group brand communities[J]. International Journal of research in Marketing, 23(1): 45-61.

BAGOZZI R P, DHOLAKIA U M, 2002. Intentional social action in virtual communities[J]. Journal of Interactive Marketing, 16(2):2-21.

BENNER P, 2004. Using the Dreyfus model of skill acquisition to describe and interpret skill acquisition and clinical judgment in nursing practice and education[J]. Bulletin of science, technology & society, 24(3): 188-199.

BOCK G W, KIM Y G, 2002. Breaking the myths of rewards: an exploratory study of attitudes about knowledge sharing. [J]. Information Resources Management Journal, 15(2): 14-21.

BOCK G W, ZMUD R W, LEE K, 2005. Behavioral intention formation in knowledge sharing: examining the roles of extrinsic motivators, social-psychological forces, and organizational climate[J]. MIS Quarterly, 29(1): 87-111.

BREITSOHL J, KUNZ W H, DOWELL D, 2015. Does the host match the content? A taxonomical update on online consumption communities[J]. Journal of Marketing Management, 31(9-10): 1040-1064.

BULLINGER A C, NEYER A K, RASS M, et al, 2010. Community-based innovation contests: where competition meets cooperation[J]. Creativity & Innovation Management, 19(3): 290-303.

CAPUTO F, GARCIA-PEREZ A, CILLO V, et al, 2019. A knowledge-based view of people and technology: directions for a value co-creation-based learning organization [J]. Journal of Knowledge Management, 23(7): 1314-1334.

CARBONELL P, RODRÍGUEZ - ESCUDERO A I, PUJARI D, 2009. Customer involvement in new service development: an examination of antecedents and outcomes[J]. Journal of Product Innovation Management, 26(5): 536-550.

CHEN J, MCQUEEN R J, 2010. Knowledge transfer processes for different experience levels of knowledge recipients at an offshore technical support center[J]. Information Technology & People, 23(1): 54-79.

CHESBROUGH H, SPOHRER J, 2006. Are search manifesto for services science[J]. Communications of the ACM, 49(7): 33-40.

CHIH-YI SU, BOU-WEN LIN, CHUNG-JEN CHEN, 2016. Knowledge cocreation across national boundaries: trends and firms' strategies[J]. Knowledge Management

Research & Practice, 14(4): 457-469.

CHU C, WANG E T, SHI F, et al, 2011. Understanding knowledge sharing in virtual communities[J]. Online Information Review, 35(1): 134-153.

CHU K M, CHAN H C, 2009. Community based innovation: its antecedents and its impact on innovation success[J]. Internet Research, 19(5): 496-516.

DAHAN E, HAUSER J R, 2002. The virtual customer[J]. Journal of Product Innovation Management, 19(5): 332-353.

DAVENPORT T H, PRUSAK L, 1998. Working knowledge: how organizations manage what they know[M]. New York: Harvard Business Press.

DE VALCK K, BRUGGEN G H, WIERENGA B, 2009. Virtual communities: a marketing perspective[J]. Decision Support Systems, 47(3): 185-203.

DI GANGI P M, WASKO M, 2009. Steal my idea! Organizational adoption of user innovations from a user innovation community: a case study of Dell IdeaStorm[J]. Decision Support Systems, 48(1): 303-312.

DREYFUS H L, DREYFUS S E, 2005. Peripheral vision: expertise in real world contexts[J]. Organization studies, 26(5): 779-792.

DURUGBO C, PAWAR K, 2014. A unified model of the co-creation process[J]. Expert Systems with Applications, 41(9): 4373-4387.

FRANKE N, HIPPEL E V, SCHREIER M, 2006. Finding commercially attractive user innovations: a test of lead-user theory[J]. Journal of Product Innovation Management, 23(4): 301-315.

FÜLLER J, BARTL M, ERNST H, et al, 2006. Community based innovation: How to integrate members of virtual communities into new product development[J]. Electronic Commerce Research, 6(1): 57-73.

FÜLLER J, HUTTER K, HAUTZ J, et al, 2014. User roles and contributions in innovation-contest communities[J]. Journal of Management Information Systems, 31(1): 273-308.

FÜLLER J, JAWECKI G, MÜHLBACHER H, 2007. Innovation creation by online basketball communities[J]. Journal of Business Research, 60(1): 60-71.

FÜLLER J, MATZLER K, HOPPE M, 2008. Brand community members as a source of innovation[J]. Journal of Product Innovation Management, 25(6): 608-619.

FÜLLER J, 2006. Why consumers engage in virtual new product developments initiated producers[J]. Advances in Consumer Research, 33:639-646.

GEBERT H, GEIB M, KOLBE L, et al, 2003. Knowledge-enabled customer relationship management: integrating customer relationship management and knowledge management concepts[J]. Journal of Knowledge Management, 7(5):107-123.

GIBBERT M, LEIBOLD M, VOELPEL S, 2001. Rejuvenating corporate intellectual capital by co-opting customer competence[J]. Journal of Intellectual Capital, 11(3): 277-288.

GIESBERS B, RIENTIES B, TEMPELAAR D, et al, 2014. A dynamic analysis of the interplay between asynchronous and synchronous communication in online learning: The impact of motivation[J]. Journal of Computer Assisted Learning, 30(1): 30-50.

GOH K Y, HENG C S, LIN Z, 2013. Social media brand community and consumer behavior: Quantifying the relative impact of user-and marketer-generated content[J]. Information systems research, 24(1): 88-107.

GOYAL S, AHUJA M, KANKANHALLI A, 2020. Does the source of external knowledge matter? examining the role of customer co-creation and partner sourcing in knowledge creation and innovation[J]. Information & Management, 57(6): 103325.

GRUNER R L, HOMBURG C, LUKAS B A, 2014. Firm-hosted online brand communities and new product success[J]. Journal of the Academy of Marketing Science, 42(1): 29-48.

GUECHTOULI W, ROUCHIER J, ORILLARD M, 2013. Structuring knowledge transfer from experts to newcomers[J]. Journal of Knowledge Management, 17(1): 47-68.

HIPPEL E V 1976. Has a customer already developed your next product? [J]. IEEE Engineering Management Review, 6(3): 5-16.

HOMBURG C, EHM L, ARTZ M, 2015. Measuring and managing consumer sentiment in an online community environment[J]. Journal of Marketing Research, 52(5): 629-641.

HOOFF B V D, RIDDER J A D, 2004. Knowledge sharing in context: the influence of organizational commitment, communication climate and CMC use on knowledge sharing [J]. Journal of Knowledge Management, 8(6): 117-130.

HUANG P, TAFTI A R, MITHAS S, 2018. Platform sponsor's investments and user contributions in knowledge communities: The role of knowledge seeding[J]. MIS Quarterly, 42(1): 213-240.

KAMBIL A, FRIESEN G, SUNDARAM A, 1999. co-creation: a new source of value[J]. Outlook Magazine, 3(2): 23-29.

KIM J, SONG J, JONES D R, 2011. The cognitive selection framework for knowledge acquisition strategies in virtual communities[J]. International Journal of Information Management, 31(2): 111-120.

KOH J, KIM Y G, 2004. Knowledge sharing in virtual communities: an e-business perspective[J]. Expert systems with applications, 26(2): 155-166.

KOHLBACHER F, 2008. Knowledge-based New Product Development: fostering innovation through knowledge co-creation[J]. International Journal of Technology Intelligence and Planning, 4(3): 326-346.

KOZINETS R V, 1999. E-tribalized marketing: the strategic implications of virtual communities of consumption[J]. European Management Journal, 17(99): 252-264.

KRISTENSSON P, GUSTAFSSON A, ARCHER T, 2004. Harnessing the creative potential among users[J]. Journal of Product Innovation Management, 21(1): 4-14.

KYRIAKOU H, NICKERSON J V, SABNIS G, 2017. Knowledge reuse for customization: metamodels in an open design community for 3D printing[J]. MIS Quarterly, 41(1): 315-332.

LEENDERS R T, DOLFSMA W A, 2016. Social Networks for Innovation and New Product Development[J]. Journal of Product Innovation Management, 33(2): 123-131.

LENGNICK-HALL C A, 1996. Customer contributions to quality: A different view of the customer-oriented firm[J]. Academy of Management Review, 21(3): 791-824.

LEONARD D, RAYPORT J F, 1997. Spark innovation through empathic design [J]. Harvard business review, 75(6): 102-115.

LEVINE J M, HIGGINS E T, CHOI H S, 2000. Development of strategic norms in groups[J]. Organizational Behavior and Human Decision Processes, 82(1): 88-101.

LIAO S, CHOU E, 2012. Intention to adopt knowledge through virtual communities: posters vs lurkers[J]. Online information review, 36(3): 442-461.

MAHR D, LIEVENS A, BLAZEVIC V, 2014. The value of customer cocreated knowledge during the innovation process[J]. Journal of Product Innovation Management, 31(3): 599-615.

MARIANO S, AWAZU Y, 2017. The role of collaborative knowledge building in the co-creation of artifacts: influencing factors and propositions[J]. Journal of Knowledge Management, 21(4): 779-795.

MOHAGHAR A, JAFARNEJAD A, MOOD M M, et al, 2012. A framework to evaluate customer knowledge co-creation capacity for new product development [J]. African Journal of Business Management, 6(21): 6401-6414..

MUNIZS, GUINN T C, 2001. Brand community [J]. Journal of Consumer Research,(3): 412-432.

NAMBISAN S, 2002. Designing virtual customer environments for new product development: Toward a theory[J]. Academy of Management Review, 27(3): 392-413.

NAMISANGO F, KAFUKO M M, BYOMIRE G, 2019. Orchestrating enterprise social media for knowledge co-creation: an interactionist perspective[J]. VINE Journal of Information and Knowledge Management Systems, 50(1): 57-74.

NISHIKAWA H, SCHREIER M, OGAWA S, 2013. User-generated versus designer-generated products: a performance assessment at Muji[J]. International Journal of Research in Marketing, 30(2): 160-167.

NISSEN H A, EVALD M R, CLARKE A H, 2014. Knowledge sharing in heterogeneous teams through collaboration and cooperation: exemplified through Public-

Private-Innovation partnerships[J]. Industrial Marketing Management, 43(3): 473-482.

NONAKA I, KONNO N, 1998. The Concept of Ba, Building a Foundation for Knowledge Creation[J]. California Management Review,40(3): 40-54.

PACHARAPHA T, RACTHAM V V, 2012. Knowledge acquisition: the roles of perceived value of knowledge content and source[J]. Journal of knowledge management, 16(5): 724-739.

POETZ M K, SCHREIER M, 2012. The value of crowdsourcing: can users really compete with professionals in generating new product ideas? [J]. Journal of Product Innovation Management, 29(2): 245-256.

PRAHALAD C K, RAMASWAMY V, 2004. co-creating unique value with customers[J]. Strategy & leadership, 32(3): 4-9.

PRAHALAD C K, RAMASWAMY V, 2004. co-creation experiences: The next practice in value creation[J]. Journal of interactive marketing, 18(3): 5-14.

PRAHALAD C K, RAMASWAMY V, 2000. Co-opting customer competence[J]. Harvard Business Review, 78(1): 79-87.

RAMASWAMY V, OZCAN K, 2014. The co-creation paradigm[M]. New York: Stanford University Press.

RHEINGOLD H, 1993. Vitual communities: Homesteading on the electronic frontier[J]. New York: Addison-Wesley, (2): 74-78.

ROWOLD J, 2007. Individual influences on knowledge acquisition in a call center training context in Germany[J]. International Journal of Training and Development, 11 (1): 21-34.

RUOSLAHTI H, 2020. Complexity in project co-creation of knowledge for innovation[J]. Journal of Innovation & Knowledge, 5(4): 228-235.

SAWHNEY M, PRANDELLI E, 2000. Beyond customer knowledge management: customers as knowledge co-creators[M]. Hershey: Knowledge management and virtual organizations. IGI Global.

SCHOUTEN J W, MCALEXANDER J H, KOENIG H F, 2007. Transcendent customer experience and brand community[J]. Journal of the Academy of Marketing Science, 35(3): 357-368.

SHANNON C E, 1948. A mathematical theory of communication[J]. Bell Labs Technical Journal, 27(4): 379-423.

SMETS L P M, LANGERAK F, RIJSDIJK S A, 2013. Shouldn't customers control customized product development? [J]. Journal of Product Innovation Management, 30(6): 1242-1253.

SMITH H A, MCKEEN J D, 2005. Developments in practice XVIII-customer knowledge management: adding value for our customers[J]. Communications of the Association for Information Systems, 16(1): 36-42.

SONG X M, MONTOYA-WEISS M M, 1998. Critical development activities for really new versus incremental products[J]. Journal of Product Innovation Management, 15(2): 124-135.

SZULANSKI G, 1996. Exploring internal stickiness: Impediments to the transfer of best practice within the firm[J]. Strategic management journal, 17(S2): 27-43.

TERZIEVA M, 2014. Project Knowledge Management: How Organizations Learn From Experience[J]. Procedia Technology, 16(11): 1086-1095.

THOMKE S H, 2003. Experimentation matters: unlocking the potential of new technologies for innovation[M]. Harvard Business Press.

VARGO S, LUSCH R, 2008. Service-dominant logic: continuing the evolution[J]. Journal of the Academy of Marketing Science, 36(1): 1-10.

VON HIPPEL E, 1986. Lead users: a source of novel product concepts[J]. Management science, 32(7): 791-805.

VON HIPPEL E, 1988. The sources of innovation[M]. New York: Oxford University Press.

WANG S, TONG J, ZHOU D, 2016. Study on the influence path of brand virtual community interaction on customer loyalty[J]. Open Journal of Business & Management, 4(1): 138-147.

WANG Y，SHI J，MA S，et al，2012. Customer Interactions in Virtual Brand Communities：Evidence from China［J］. Journal of Global Information Technology Management，15(2)：46-69.

WASKO M M L，FARAJ S，2005. Why should I share? Examining social capital and knowledge contribution in electronic networks of practice[J]. MIS quarterly，29(1)：35-57.

WENGER E，MCDERMOTT R A，SNYDER W，2002. Cultivating communities of practice：A guide to managing knowledge[M]. Brighton：Harvard business press.

WENGER E，1998. Communities of Practice：Learning，Meaning and Identity[M]. Cambridge：Cambridge University Press.

ZHANG H，GUPTA S，SUN W，et al，2020. How social-media-enabled co-creation between customers and the firm drives business value? the perspective of organizational learning and social capital[J]. Information & Management，57(3)：103-200.

ZHANG Y，ZHANG M，LUO N，et al，2019. Understanding the formation mechanism of high-quality knowledge in social question and answer communities：A knowledge co-creation perspective[J]. International Journal of Information Management，48：72-84.

ZWASS V，2010. Co-Creation：Toward a Taxonomy and an Integrated Research Perspective[J]. International Journal of Electronic Commerce，15(1)：11-48.

希普尔，陈劲. 2021. 用户创新：提升公司的创新绩效[M]. 朱朝晖，译. 上海：东方出版中心.

埃森哲，2022. 中国企业实现数字化驱动的可持续发展的关键举措[J]. 软件和集成电路，(12)：74-82.

鲍会鹏，孙锐，林春培，2015. 社群用户转移意愿与能力对企业知识转移绩效的影响[J]. 科技进步与对策，32(3)：133-139.

陈本松，曹细玉，2016. 虚拟品牌社群持续参与决策：基于社会影响理论[J]. 技术经济，35(7)：123-128.

陈晓强，2002. 虚拟社群：一种新的、真实的社会群体形式[J]. 苏州大学学报，(04)：128-130.

邓胜利，胡吉明，2010. Web 2.0 环境下网络社群理论研究综述[J]. 中国图书馆学报，(5)：90-95.

范钧，林东圣，2020. 社区支持、知识心理所有权与外向型知识共创[J]. 科研管理，41(7)：1-10.

范钧，聂津君，2016. 企业－顾客在线互动、知识共创与新产品开发绩效[J]. 科研管理，37(01)：119-127.

谷斌，徐菁，黄家良，2014. 专业虚拟社区用户分类模型研究[J]. 情报杂志，(5)：203-206.

胡云发，2019. 虚拟品牌社区领先用户识别研究：以小米社区为例[D]. 江西财经大学.

蒋翠清，朱义生，丁勇，2011. 基于 UGC 下的意见领袖发现研究[J]. 情报杂志，30(10)：82-85.

蒋岩汐，2021. 知识付费产品价值形成机制研究[D]. 江西财经大学.

解学梅，余佳惠，2021. 用户参与产品创新的国外研究热点与演进脉络分析：基于文献计量学视角[J]. 南开管理评论，24(5)：4-17.

金立印，2007. 虚拟品牌社群的价值维度对成员社群意识、忠诚度及行为倾向的影响[J]. 管理科学，20(2)：36-45.

柯有伟，2017. 虚拟品牌社群互动对产品购买决策的影响[D]. 江西财经大学.

乐承毅，赵亚裴，麻荣杰，2022. 从浅层互动到深层互动：虚拟品牌社区多层互动对知识共创的影响机制[J]. 信息资源管理学报，12(05)：77-88.

李柏洲，高硕，2017. 互惠性、知识共享与企业合作型原始创新：战略柔性的调节作用[J]. 研究与发展管理，29(3)：76-86.

李小鹏，2012. 虚拟社区知识共享对品牌态度的影响机理及管理启示[J]. 江苏商论，(30)：202-203.

李雪欣，包文莉，夏天，2014. 虚拟品牌社区顾客动机对产品创新行为的影响[J]. 东北大学学报：社会科学版，16(5)：468-473.

李杨，郑德俊，2020. 与用户共创图书馆的知识服务价值：云舟知识空间的用户智慧融入案例及其启示[J]. 图书情报工作，64(4)：34-42.

李智娜，2010. 在线品牌社群中互动性对品牌忠诚度的影响研究：以在线汽车品牌社群为例[D]. 复旦大学.

刘嘉玲，魏江，陈侠飞，2022. 在线社区对企业创新管理影响研究回顾与展望[J]. 管理学报，19(08)：1251-1260.

刘琦，杜荣，2013. 基于参与动机的网络社区知识共享质量、创新及满意度关系研究[J]. 情报理论与实践，36(3)：56-61.

刘石兰，2011. 消费者创新性的结构测量及对创新性行为的影响[J]. 商业经济与管理，1(3)：81-90.

刘伟，丁志慧，2012. 基于参与行为的兴趣型虚拟社区成员分类研究[J]. 商业研究，(11)：92-95.

刘志明，刘鲁，2011. 微博网络舆情中的意见领袖识别及分析[J]. 系统工程，(6)：8-16.

卢宜芳，2021. 用户参与对知识共创的影响研究[D]. 江西财经大学.

毛波，尤雯雯，2006. 虚拟社区成员分类模型[J]. 清华大学学报：自然科学版，46(s1)：1069-1073.

聂津君，范钧，2020. 创新服务开发中企业－顾客在线知识共创过程机制的案例研究[J]. 江苏商论，(1)：67-73.

戚桂杰，李奕莹，2016. 企业开放式创新社区在线用户贡献度研究[J]. 科技进步与对策，33(14)：81-87.

沙振权，蒋雨薇，温飞，2010. 虚拟品牌社区体验对社区成员品牌认同影响的实证研究[J]. 管理评论，22(12)：79-88.

沈波，胡云发，2018. 基于用户行为特征的虚拟品牌社区用户分类研究[J]. 情报探索，(7)：12-18.

沈波，卢宜芳，吴甜，2020. 组织学习对知识创新的影响：以组织忘记为中介[J]. 管理评论，32(12)：135-145.

沈波，卢宜芳，2021. 企业与用户知识共创研究综述[J]. 情报探索，(3)：128-134.

沈波，吴甜，2019. 知识创新机制：基于组织记忆动态过程的分析[J]. 管理评论，31(09)：94-104.

沈波，张豪，杨清萍，2013. 虚拟实践社区中新成员知识获取过程研究[C]. 第十二届全国青年管理科学与系统科学学术会议论文集，344-352.

沈波，钟华，2016. 虚拟品牌社群用户知识共享对产品创新的影响[C]. 管理科学与工程学会年会，139-144.

谭娟，高小慧，谷红，2022. 开放协作社区用户知识异质性对重混创新的影响研究[J]. 软科学，36(12)：42-48.

唐小飞，周磐，苏浩玄，2020. 在线印象管理视角：创新动机与创新绩效研究[J]. 科研管理，41(6)：172-180.

田阳，王海忠，王静一，2010. 虚拟品牌社群与品牌依恋之间关系的实证研究[J]. 经济管理，32(11)：106-114.

汪涛，郭锐，2010. 顾客参与对新产品开发作用机理研究[J]. 科学学研究，28(9)：1383-1387.

王超凡，2016. 海尔"拆墙"：从产品到创客的边界突围[J]. 经理人，(5)：36-38.

王珏，曾剑平，周葆华，2011. 基于聚类分析的网络论坛意见领袖发现方法[J]. 计算机工程，37(5)：44-46.

王莉，任浩，2013. 虚拟创新社区中消费者互动和群体创造力：知识共享的中介作用研究[J]. 科学学研究，31(5)：702-710.

王小娟，王新芳，2015. 基于关系嵌入的虚拟品牌社区知识共享对企业服务创新的影响模型[J]. 中国市场，(36)：86-87.

吴思，凌咏红，王璐，2018. 虚拟品牌社区中互动、信任和参与意愿之间关系研究的[J]. 情报杂志，30(10)：100-105.

吴晓红，张亚，张建军，2015. 非交易类虚拟品牌社区互动、归属感与知识共享的关系[J]. 蚌埠学院学报，(4)：77-84.

肖定菊，2010. 虚拟品牌社群知识共享动因研究[J]. 商业经济研究，(28)：30-31.

谢康，肖静华，王茜，2018. 大数据驱动的企业与用户互动研发创新[J]. 北京交通大学学报：社会科学版，17(2)：18-26.

徐丽，申文果，2013. 虚拟品牌社区中知识分享的影响因素研究：基于 MOA 理论[C]. JMS 中国营销科学学术年会暨博士生论坛.

杨清萍，2014. 虚拟学习社区中知识共享的影响因素研究[D]. 江西财经大学.

杨少华，2017. 在线创新社区领先用户识别研究[D]. 西安理工大学.

杨逐原，2020. 移动视频阅读中用户的知识共创研究[J]. 编辑之友，(5)：52-58.

野中郁次郎，竹内弘高，2006. 创造知识的企业：日美企业持续创新的动力[M]. 北京：知识产权出版社.

野中郁次郎，2019. 组织创新的解决方案[J]. 中国周刊，(12)：136.

叶笛，刘震宇，林东清，2014. 管理信息系统开发中用户和开发者间知识共创性问题研究[J]. 管理学报，11(1)：101-106.

张豪，2014. 虚拟实践社区新成员知识获取机制研究[D]. 江西财经大学.

张培，杨迎，2017. 服务创新中多主体参与的知识共创：一个整合的分析框架[J]. 图书馆工作与研究，(7)：34-40.

张永成，郝冬冬，2011. 开放式创新下的知识共同创造机理[J]. 情报杂志，30(9)：132-138.

赵娜，王博，2016. 知识产权保护对企业技术创新：促进还是抑制?：2008—2014 年我国高技术产业的经验证据[J]. 中央财经大学学报，(5)：113-122.

赵晓燕，2018. 虚拟品牌社群用户参与产品创新的机制研究[D]. 江西财经大学.

郑彤彤，谢科范，2014. 用户创新行为的演化博弈分析[J]. 工业工程，17(3)：6-12.

钟华，2017. 虚拟品牌社区用户知识共享对产品创新的影响研究[D]. 江西财经大学.

周斯昱，2013. 基于知识共享的网络社区知识创新模式研究[D]. 江西财经大学.

周志民，吴群华，2013. 在线品牌社群凝聚力的前因与后效研究[J]. 管理学报，10(1)：117-124.